Dominar la escritura teatral: crear una obra exitosa

Imprimir

Título del libro: Dominar la escritura teatral: cómo crear una obra exitosa
Autor: Natasha Tillett Slayton

Autor: Natasha Tillett Slayton
Contacto: wakdeamay@gmail.com

Dominar la escritura teatral: crear una obra exitosa

Escrito por
Natasha Tillett Slayton

India
2024

CONTENIDO

CONTENIDO

¿Estás aquí porque quieres escribir obras de teatro? Eso es genial; Aplaudo tu deseo. Una vez que lo analicemos más a fondo en persona y hayan comenzado a escribir obras de teatro de nuestros libros juntos, tal vez podamos discutir si comprar este libro fue realmente la elección correcta.

Como sugiere el título de este libro, supongo que quieres aprender de mí cómo crear una obra exitosa; Desafortunadamente, sin embargo, eso es algo que no puedo ofrecerles en este momento. Desafortunadamente para ti, eso significa que no tengo idea de cómo debería funcionar; por eso planteo otra pregunta: "¿Qué constituye una obra exitosa?" Así que siéntete libre de usar cinta adhesiva negra y pegar la palabra "Exitoso" en la portada; nuestro entendimiento colectivo determinará si eliminamos o cambiamos esta etiqueta en algún momento a lo largo del viaje de este libro; comencemos a buscar.

¿Se pregunta por qué escribí este libro sobre dramaturgia? ¿Y por qué afirmé que podía enseñar a escribir un guión de obra? Quizás se pregunten por qué escribí un libro como este sobre cómo escribir un guión de una obra, ¿por qué creo que puedo ofrecer ayuda?

Bueno, he estado escribiendo obras de teatro durante casi 20 años y recientemente completé mi obra número 48 en varios actos. En los estrenos de obras de teatro escucho a menudo preguntas de los actores sobre la escritura: "¿Cómo se hace eso? A mí también me gustaría escribir, ¿no podrías darme algunos consejos sobre cómo hacerlo?".

Entonces escribí este libro. Para contarte cómo lo hago. Eso fue todo. Lamentablemente, no sé exactamente cuántas producciones de mis obras ha habido; en un momento dejé de intentarlo. Pero se han unido más de 1.000. Debido a que el público y los escenarios deben encontrar agradable la interpretación de mis obras, eso me permite explicar a los lectores exactamente lo que se necesita para escribir obras de teatro: ¡escribir obras de teatro!

Si desea aprender a escribir obras de teatro de una manera divertida y profesional, o necesita ayuda mientras lo hace, le recomiendo encarecidamente que se una a grupos de trabajo o seminarios. A veces, los cursos de educación para adultos también los ofrecen. Un grupo de trabajo para dramaturgos de bajo alemán, como el grupo de Verden para dramaturgos de bajo alemán, podría ser de gran ayuda en este caso, aunque no se deje intimidar por su nombre "bajo alemán". Al escribir obras de teatro en bajo alemán, nos esforzamos por preservarlo, pero incluso si no puedes hablar ni escribir bajo alemán, ¡tampoco importará! Una vez que termines de escribir obras con este grupo, ¡incluso podrás encontrar traductores para traducirlas a otros idiomas/dialectos!

Los seminarios del Grupo de Trabajo Verden suelen realizarse dos veces al año y cubren temas específicos. Debido a que se unen recién llegados, a menudo se ofrece un breve curso básico como introducción a la escritura de obras de teatro; Puede encontrar información en línea sobre esta opción y considerar si esto podría ser algo que valga la pena hacer por usted. Por supuesto, todavía puede haber otros caminos disponibles.

Existen otros grupos de trabajo y métodos para explorar cómo se escribe una obra de teatro.

Tu mano no sostiene el libro de texto de un dramaturgo experimentado al leer este libro; Simplemente soy alguien que llegó a escribir a través del teatro y desde entonces me he convertido en escritores prolíficos. Todo lo que puedo ofrecer aquí son mis experiencias, consejos y trucos basados en ellas, nada más. Sin embargo, recuerde que este libro no proporciona reglas que deba cumplir; más bien sólo puedo describir mi enfoque.

Si eso no fue suficiente para usted y se siente decepcionado con este libro, entonces tal vez este libro no sea el indicado para usted. Por favor acepta mi disculpa; tal vez intercambiar o regalar; Espero que las tiras adhesivas de la cubierta se puedan quitar sin dañarlas, ya que de lo contrario será difícil cambiarlas. Sin embargo, si desea aprender cómo escribe obras de teatro Helmut Schmidt, agradecería esa experiencia tanto como cualquier otra.

Permítanme comenzar diciendo esto sobre mí: ¡sé con certeza que desafío todas las reglas de escritura! Ninguna ley dicta la forma en que debe escribir un escritor; sin embargo, existen pautas que se deben seguir al crear material para publicación. Recomendando (y uso la palabra intencionalmente), escribir una obra debería proceder así: ya tienes tu trama en tu mente (una expresión usada para definir conexiones causales desde un curso imaginado de eventos hasta un final esperado), por lo que crear alguna forma del calendario a mano sería ideal. Esto significa: una vez que conozcas la trama general, escribe exactamente lo que sucede en cada acto y escena hasta el final. Una vez que se ha alcanzado esta etapa, la escritura puede comenzar en serio ya sea en papel de cuaderno o en una computadora. La mayoría de los editores aconsejan a los dramaturgos que adopten este enfoque al escribir obras de teatro; y la mayoría de los dramaturgos ciertamente siguen ese camino cuando comienzan a escribir sus obras. Dicho esto, lo hago de manera diferente: solo tengo una idea y empiezo a escribir.

Mi proceso de escritura no sigue un cronograma ni una exposición rígidos. En cambio, pienso qué personajes elegir antes de crear un esquema en mi cabeza de lo que podría suceder, luego empiezo a escribir la obra completa directamente en mi cuaderno. Desafortunadamente, nunca sé exactamente cómo progresará o terminará la pieza; mis obras toman forma sólo al escribirlas; en muchos casos, ¡todo lo que sé al principio es su título! Entonces, si te gusta mi forma de escribir, ¡podemos ser grandes socios!

Ah, una cosa más: cuando se trata de escribir para grupos de teatro, mi enfoque tiende a ser producciones de aficionados en lugar de escenarios profesionales, algo que los editores me recuerdan con frecuencia. Así que ahí estás. Escribir exclusivamente para escenarios profesionales me da la capacidad de ser más flexible en algunos aspectos; Podría incorporar múltiples decorados y disfraces. Pero, ¿qué sentido tendría ofrecer mi obra sólo a unos pocos teatros selectos que no están interesados? Puede que lleve años, quizá nunca llegue a representarse en escenarios de aficionados porque el esfuerzo que requeriría seguramente superaría sus capacidades. ¿No tiene más sentido escribir piezas que puedan ser implementadas de manera fácil y divertida por actores aficionados y al mismo tiempo cumplir con los requisitos de nivel y calidad escénica profesional? Yo creo que sí y por eso cuando escribo considero principalmente a los grupos laicos. Cada grupo necesita una obra de teatro cada año. Celebremos juntos algunos clásicos que admiro particularmente; ¡Estos sin duda seguirán siendo mis favoritos durante muchos años más! "Mi marido se va al mar" y "El señor amueblado" son grandes clásicos del teatro; sin embargo, las obras modernas (como "Mi marido se va al mar" o "El caballero amueblado") pueden tener mayor relevancia. Y para los grupos de teatro que representan sus obras en bajo alemán es especialmente importante que lleguen a un público joven; Eso puede no suceder con obras ambientadas entre los años 50 y 70.

Ahora es un momento oportuno para presentar la historia del teatro y comenzar por esbozar sus características centrales, tal como las afirma Aristóteles: la característica principal del drama es la presentación de acción basada en diálogos, lo que lo diferencia de la narrativa épica. Podría haber libros enteros escritos sobre este tema, pero en su lugar sugiero escuchar seminarios o visitar fuentes en línea para descubrir sus raíces.

¿Sigues abierto a la colaboración? Le doy la bienvenida. ¡Caminemos juntos por este camino que conduce a la realización de nuestra primera obra, que incluso podría llegar a ser un éxito! Espero poder ayudar. Yo estoy feliz.

A unos 25 kilómetros de la casa de mis padres trabajé como disc jockey en una discoteca los fines de semana entre 1984 y 1991, una de esas pequeñas discotecas de pueblo que hoy ya no existen. Allí puse discos sencillos de C.C. Richards así como canciones escritas específicamente para esta discoteca por otros compositores como Johnny Stein (que lamentablemente ya no existen en la actualidad). Catch, Modern Talking, así como U2 y Queen estaban sonando en los parlantes esa noche, ya que yo era uno de los DJ responsables de brindar información a los invitados a través de mi micrófono sobre cada artista o canción mientras tocábamos cada pista y los emocionábamos. Bailar fue muy divertido; el que baila mucho necesita algo de beber; ¡Táctica empresarial inteligente! Todas las noches se me permitía cumplir con los pedidos musicales de jóvenes como Edeltraud Trey, quien siempre quiso "Touch by Touch" de Joy como su melodía elegida. ¡Aquí es donde Edeltraud Trey entró en mi vida! En un momento Edeltraud me dijo que estaba participando en teatro con un grupo amateur y que su estreno estaba próximo. Asistí y realmente disfruté su actuación; Casi un año después, Edeltraud me dijo que uno de sus miembros se había ido y que querían desesperadamente reunirse lo antes posible.

Como Edeltraud quería a alguien "más joven", decidí unirme al grupo de teatro Stapelmoor en Rheiderland e interpretar al joven amante de Edeltraud, ¡siempre interpretando bien mi papel y disfrutando muchísimo de la representación teatral! Sin embargo, después de mi segundo año, me di cuenta de que muchas de las piezas seleccionadas por Spolbaas no eran muy modernas y comencé a explorar otros grupos de teatro y qué obras estaban representando. Entre los 20 grupos de teatro que operaban en Leer, muchos representaban obras tradicionales o incluso clásicas de los años 50. En aquella época mis amigos y yo tocábamos en bajo alemán; En aquel momento ya estaba claro que era necesario fomentar más este idioma en las guarderías y en las escuelas, porque cada vez más niños escuchaban el alemán estándar de sus padres. Mientras consideraba la mejor manera de promover el bajo alemán en grupos de teatro de aficionados, me di cuenta de que simplemente interpretar viejas piezas de los años 50 y 60 no funcionaría. El teatro también debería existir hoy si quiere seguir siendo relevante. Preocupaba especialmente atraer a los jóvenes al teatro y al bajo alemán. En 1989 ensayé con mi grupo de teatro "Funfair in 't Dorp", que presentaba varios momentos divertidos pero, por lo demás, era una comedia campesina más de los años 60. En el verano del mismo año, comencé a utilizar una máquina de escribir Olympia e intenté escribir mi propia obra. Si bien en ese momento solo tenía una

experiencia de juego mínima, mi objetivo era escribir algo sobre unas bodas de plata que se acercaban como mi primer trabajo. Ella quiere una gran celebración: él ha estado desempleado durante varias semanas, pero sale de casa todas las mañanas, ocultando su destino a su esposa para no arruinar su alegría por este emocionante hito. Mi trama giraba en encontrar formas de pagar esta celebración; de ahí la creación de la obra en tres actos "Two Boys Too Many". A finales del verano de 1989 terminé mi trabajo a pesar de que al principio me sentí avergonzado; Gracias al apoyo de Edeltraud, desde entonces se ha representado numerosas veces con gran éxito.
Diedrich Wessels fue nuestro director de juego. Dijo que era demasiado largo y que debía reducirse significativamente; Trabajé en eso con él y lo estrenamos con nuestro grupo de teatro en Stapelmoor en febrero de 1990, ¿casi siempre tocando ante un público con entradas agotadas? ¿Consideras que fue una jugada exitosa?

¿En qué se ha diferenciado 2018 de años anteriores? No lo creo; Es una respuesta completamente normal cuando la gente se entera de que un miembro de un grupo de teatro aficionado está escribiendo su primer trabajo y siente curiosidad por verlo; esto no refleja éxito, pero de todos modos tiene buenas críticas. Como escribí la comedia pensando en la risa, pero sin ser demasiado "plano", rápidamente llegaron consultas de varios escenarios que querían saber dónde se podía ver esta pieza; obligándome así a buscar editores. Como sabía que nuestro grupo de teatro compraba obras de Karl Mahnke en Verden, que sigue siendo la editorial líder en Alemania en cuanto a obras de teatro en bajo alemán y donde se publican muchos clásicos conocidos, envié mi trabajo con la esperanza de que allí fuera aceptado. Pero después de que pasaron algunas semanas, mi manuscrito fue devuelto y me informaron que no podía publicarse tal como estaba y que era necesario trabajar en él antes de que pudiera realizarse la publicación. Además, me invitaron a visitar el grupo de trabajo de Verden, lo que me dejó indignado; Después de haber desempeñado el papel principal en una obra increíble varias semanas antes y que recibió ovaciones de pie, ¡no tenía sentido por qué estas mismas personas me escriben cartas diciendo que mi trabajo no era lo suficientemente bueno cuando ni siquiera lo habían visto ellos mismos!

Hoy puedo reírme de ello; pero créame: a usted le puede pasar lo mismo. Después de que mi trabajo inicial fuera aceptado para publicación, entré a formar parte del grupo de trabajo de Dieter Jorschick; no me arrepiento de haberme enseñado allí, ya que lo que me enseñaron tuvo una enorme influencia en la calidad y el nivel de mis trabajos posteriores, con los que a menudo no estábamos de acuerdo. (¡a veces con mucha fuerza!) Como alguien que no se dejaba intimidar fácilmente, tampoco quería esperar después de terminar mi artículo para editar o cambiar algo; en cambio, era impetuoso a la hora de tomar decisiones y quería que mi trabajo se publicara inmediatamente después de que el primer trabajo hubiera sido publicado. terminado, algo que Dieter Jorschick hizo posible con su paciencia aunque a veces desagradable (aunque). Desafiante como siempre, cuando llegó el momento de editar o alterar cualquier cosa (incluso un efecto de impacto significativo en la mejora de trabajos posteriores que discutimos durante el grupo de trabajo). ¡Dieter Jorschick nos enseñó algo invaluable en estos asuntos! (¡aunque a menudo no estábamos de acuerdo!) ¡Aunque a veces soy testaruda y terca para editar después! Pero después de terminarlo fue decididamente publicado inmediatamente sin necesidad de cambios después de haber escrito algo nuevo tan rápido después de comenzar algo tan rápido; eso significaba haber leído de nuevo antes de comenzar el proceso de edición, por supuesto (no importa...).

Como ya habían llegado consultas de varios grupos, ¿qué debo hacer? Busqué otra editorial y allí registré mi ensayo; aunque también ligeramente editado para ellos. Una vez hecho esto, mi confianza aumentó rápidamente; llevándome así a comenzar la siguiente pieza inmediatamente; ¡lo que finalmente me llevó a escribir más y más! De repente, me convertí en un escritor extremadamente prolífico - sí - algunos editores piensan lo contrario pero no para mí; ¡Mi trabajo no necesita una revisión intensiva cuando tú estás produciendo más trabajo! ¡Creo que es diferente!

Bueno, todo sucedió en 1990 y ahora acabo de representar mi obra número 48 en varios actos bajo este título: Cuatro manos para una ubre". - Como dice el guión.

El tiempo se escapa...

Pero primero déjame preguntarte por qué quieres escribir una obra de teatro. Dejando de lado cualquier conversación sobre el éxito en este momento (no nos conocemos y nada sobre sus antecedentes sugeriría que sería adecuado como autor), no se asuste; escribir no requiere un doctorado, una formación específica o un diploma, que yo ciertamente no poseía (¡así que ambos empezamos desde el principio!). Entonces, ¿quién podría ser el que estás tratando de ser?

Aquí están algunos ejemplos:

¿Es usted un hombre de unos 40 años, que trabaja como agente inmobiliario, está casado, tiene tres hijos, juega al fútbol del equipo masculino senior en su tiempo libre y recientemente su esposa lo convenció para unirse a un grupo de teatro amateur en el que ha estado involucrada durante años, que disfrutas mucho y que ahora te entusiasma y emociona tanto que escribir obras de teatro se ha convertido en algo que quieres probar tú mismo? - De acuerdo entonces.

Imagínese esto: usted es una mujer soltera de unos 50 años o una jubilada temprana que se aburre en casa pero le gusta ir a eventos teatrales de vez en cuando y piensa: ¿seguramente puedo hacer lo que este autor escribió? - Aceptado.

Tus 20 años están llenos de incertidumbre sobre qué carrera profesional tomar. ¿Es usted un ávido lector con puntos fuertes en alemán y redacción de ensayos de la escuela? - Excelente. ¿Te apasiona el teatro? - Fantástico.

¿Alguno de los ejemplos te suena? No importa tu edad, tipo de formación o motivo por el que quieres escribir, la clave es que tu escritura venga de dentro, ya sea interactuando con el teatro y su tema. Y sobre todo: debes reservar suficiente tiempo para este trabajo como dramaturgo - comencé como trabajo a tiempo parcial y continúo esta práctica hoy - este enfoque está absolutamente bien, ¡solo asegúrate de aprovechar cada hora disponible para escribir!

En esencia, escribir debe ser divertido para ti (leer es aún mejor), al igual que ir al teatro. Al haber estado en un escenario antes, incluso en un escenario amateur, y haber interpretado algunos papeles, estás mucho mejor preparado para convertirte en autor, algo que yo mismo hice cuando comencé este esfuerzo.

Aunque desconozco tus motivaciones para querer escribir, ¿puede ser que una obra de teatro te haya molestado y quieras cambiarla? ¿Quizás viste una actuación, quizás en un escenario establecido, pero no logró entretener? ¿O los miembros de la audiencia de su grupo de teatro notaron mejores producciones de años anteriores? o incluso no estaba satisfecho tanto con su pieza general como con su papel. ¿Entonces quieres mejorarlo? ¿Por qué no? -

¿Estás escribiendo una obra de teatro porque sería divertida y te generaría ingresos adicionales como parte de tu trabajo de tiempo completo? - Eso también es genial. Cualquiera que sea la motivación, lo único que realmente importa es que satisfaga una necesidad profundamente arraigada dentro de ti de escribir algo dramático. Lo principal es simplemente hacer lo que tenga sentido para USTED, sin importar las motivaciones detrás del motivo.

¿Sigues ahí y estás listo? (De acuerdo.). Dicho esto, continuemos. Muchos creen que la escritura es algo heredado; las personas con habilidades de escritura no lo aprenden solo a través de estudios académicos; debe haber algo genético en su talento que se manifiesta; alguien necesita una inclinación por algo como esto en ellos". [Estas personas] tienden a pensar: "Oh, si alguien puede escribir, debe haber venido de algún lugar muy profundo dentro de sí mismo; no puedes aprenderlo a menos que ya tengas talento ahí]. Pero eso no tiene por qué ser cierto; todos pueden aprenderlo si reciben suficiente apoyo. [Esa gente suele creer] [...] ¡pero aprender es posible!" Su gente tiende a pensar:

A los 10 años, en quinto grado, mi madre solía escribir mis ensayos para la escuela con los que tenía dificultades, los habituales como: "Mi experiencia de vacaciones más hermosa" o "La tormenta", según lo dictaban los profesores. Este tipo de ensayos narrativos me resultaban difíciles; mi madre se destacó en esto; En 20 minutos completó hermosos ensayos para mí con los que constantemente obtuve buenas calificaciones en la escuela. ¡Gracias mamá! Desafortunadamente, mi interés por la escritura surgió más tarde, cuando tenía 25 años.

No existe ninguna ley que establezca requisitos específicos para convertirse en dramaturgo. Sin embargo, siempre que cumpla con algunos o todos los siguientes criterios, su carrera como dramaturgo debería transcurrir sin problemas:

¿Eres alguien a quien le gusta socializar, hablar con los demás y escuchar?

¿Le gusta mantenerse informado sobre eventos locales y mundiales, leer periódicos y novelas, asistir al teatro, cine, ópera y conciertos, así como eventos culturales como conferencias?

¿Eres de los que disfruta viendo películas en televisión, así como diversos programas de entrevistas, reportajes y series de vez en cuando? ¿Puedes predecir a mitad de camino cómo terminará una película?

¿Puedes responder afirmativamente a alguno o a todos estos puntos? Bueno entonces ¿a qué estamos esperando?

Por supuesto, puedes comprar una libreta y un lápiz y empezar a escribir, pero hoy en día ningún editor acepta un manuscrito escrito a mano como material de envío. Quizás ya no sea posible escribir en nuestra era moderna sin computadoras, medios de almacenamiento y programas de procesamiento de textos como Word. Recomiendo encarecidamente utilizar "Word" para proyectos de dramaturgia que se publicarán. Software de captura y edición de texto de Microsoft; Los editores también suelen confiar en ello. Para un rendimiento óptimo, los minoristas especializados ofrecen la última versión. Aunque la compra de este programa cuesta aproximadamente 100 euros, sus ventajas no se limitan a introducir texto en un ordenador; Los usuarios de portátiles también se benefician. Años de trabajar exclusivamente en portátiles me han dado la ventaja de la flexibilidad; Puedo llevarlos conmigo a cualquier lugar y utilizar el dispositivo cuando sea necesario. Tanto el hardware (el portátil) como el software (Word) ya están listos y esperando para capturar cualquier idea que surja. Si este proceso es demasiado rápido para su gusto y prefiere trabajar sin computadoras, si este enfoque le parece demasiado rápido, entonces comenzar con un bloc y un lápiz también puede funcionar; de ahora en adelante siempre podrás llevar contigo un pequeño cuadernillo y un bolígrafo para tomar notas cuando sea necesario; pero tu trabajo final debe ir a una computadora; por lo tanto, sería más prudente que te acostumbraras a utilizar uno desde el primer día.

Empiece por encontrar el espacio ideal para escribir. Algunos autores insisten en que debe ser una habitación vacía con tu escritorio en su lugar: ¡simplemente cierra la puerta detrás de ti, deja a un lado todo lo que te rodea y comienza a escribir con total concentración!
Bueno, si así escriben algunos autores, no tiene nada de malo; pero sugerir que la escritura sólo puede ocurrir de esta manera es una completa tontería.
Encuentra un espacio que te hable y no permitas que nadie más dicte dónde o cómo debe verse. Creo que tener mucha iluminación y un ambiente acogedor es especialmente esencial. Ciertamente tengo una oficina con escritorio; sin embargo, también disfruto escribiendo en mi sala de estar mientras estoy recostado en el sofá con el cuaderno apoyado contra mis muslos y esperando que llegue la inspiración. Tampoco es necesario un silencio absoluto; ¡La música hermosa me ayuda a concentrarme! El estilo de escritura de Chris de Burgh es uno que aprecio especialmente por escribir al aire libre cuando hace buen tiempo. ¡También disfruto sentarme en la terraza o en el banco del parque y escribir mientras hago largos viajes

en tren! Incluso en los vuelos escribo a menudo. Incluso hay autores a los que les gusta sentarse en los cafés con su cuaderno y escribir delante de otras personas; Si este enfoque te convence, ¡explóralo! Todo es posible.

En lo que respecta a la escritura, la ubicación depende totalmente de usted; busque un lugar cómodo donde se sienta más relajado, pero asegúrese de que otras personas no interrumpan ni molesten con demasiada frecuencia; esto debería permitirle concentrarse. Si tiene familia, infórmeles de antemano que le gustaría tener tiempo ininterrumpido para escribir. Hora del día para escribir

Tan pronto como te sientas preparado y motivado para escribir, ¡da el paso! Cuando su estado de ánimo se haya agriado o se sienta desanimado, tal vez porque alguien importante ha fallecido, no escriba. Espere uno o dos días hasta que su ánimo mejore antes de comenzar a escribir nuevamente. Si algo le ha trastornado profundamente, como la pérdida de uno de sus amigos más cercanos, escribir a menudo puede brindarle consuelo.

Si un ser querido ha muerto o está experimentando algo más importante que le molesta, escribir probablemente sea imposible; ¡este proceso puede incluso llevar semanas o meses! ¡Ni siquiera te molestes en intentarlo!

No te fuerces a escribir sólo para distraerte del mal humor, ya que esto no funciona. ¡Y mucho menos pensar en ello como una opción!

No existen reglas establecidas sobre cuánto tiempo deben escribir los escritores, pero una o dos horas a la vez (es decir, aproximadamente 1000 palabras) deberían ser suficientes para un trabajo productivo. Evite escribir solo una vez al mes, ya que será muy difícil volver a encontrar su hilo; en lugar de eso, viva su trabajo. Piensa y discute con otros tu artículo cuando no estés escribiendo; ¡A menudo surgen algunas ideas para su posterior desarrollo incluso sin escribir nada! Ser consciente de lo ya escrito hasta el momento y anticipar lo que puede pasar a continuación (escena, acto). ¡Siéntase libre de tomar descansos, incluso de varios días, cuando lo desee! Eres bienvenido incluso durante los descansos: ¡siéntete libre incluso durante días enteros!

Los dramaturgos una vez me dijeron que les toma dos años escribir una obra; generalmente escriben 20 páginas antes de guardarla durante tres meses y regresar tres meses después para seguir trabajando en ella. Cuando finalmente lo terminan en su versión preliminar después de que hayan pasado varios meses, lo reelaboran una y otra vez.

Imaginen mi sorpresa al enterarme de esta noticia; ¡Un arreglo así nunca se me pasaría por la cabeza! Sin embargo, si escribir sigue siendo nuestra pasión común, entonces olvidemos este asunto mientras la vida pasa rápidamente.

Entonces, ¿hemos hablado de todo hasta ahora? Maravilloso. - Entonces, ¿pongámonos manos a la obra ahora que ya está todo listo? ¿Está preparado su ordenador o portátil, o al menos una libreta y un bolígrafo, así como un espacio de trabajo ideal? Ahora es un momento y un lugar oportuno para todos nosotros. Hagámoslo, eso debería bastar por ahora.

Los preparativos están completos y ahora es el momento de centrarse en el tema principal: ¡tu primera obra de teatro!

Tu juego comienza con su idea básica. Normalmente, esto se puede describir en una frase larga que plantea preguntas en lugar de afirmaciones; A partir de aquí, los personajes y la trama suelen formarse de forma orgánica, por ejemplo:

"Imagínese esto: si un ginecólogo diagnosticara a una mujer de 45 años como embarazada, pero el mismo día su hija con el mismo apellido acudió a una toma de muestra de sangre y algo salió mal, ¿cuál sería el resultado?" (la receta del éxito)

¿Cómo reaccionará una de las familias más ricas de Alemania cuando las noticias sugieran que un cometa chocará contra la Tierra en unas semanas y probablemente acabará con toda la vida en la Tierra? *(Pirámides del Tiempo) Musical actualmente en desarrollo

"¿Qué pasaría si dos hombres desempleados comenzaran a ofrecer un servicio de acompañamiento para mujeres?"*(Bienvenido a Chez Andre) "Dos personas sin hogar habían estado utilizando una casa de vacaciones abandonada en una isla como refugio durante los meses de invierno, pero esta casa está en venta y una familia se muda aquí"*(Heideweg nº 11)

Un químico aficionado crea un suero destinado a eliminar todo rastro de olor a sudor y realizará pruebas con sujetos voluntarios." *(El profesor loco).

*Títulos de mis piezas que se inspiraron en estas ideas básicas. mes ¿Lo entendiste? Generalmente basta una sola frase para tener una idea; escribir uno puede incluso ayudar. Las ideas pueden venirnos en cualquier lugar y en cualquier momento; Por ejemplo, en 1991, cuando Renate y Stefan Brommelhaup se casaron en nuestro lugar de trabajo, me contaron todos los intensos preparativos de la boda con meses de antelación; asistí a su ceremonia como observador sentado en la iglesia y observando.

¿Sabes la respuesta a esa pregunta? En la obra, ¡todo lo que podría salir mal durante los preparativos de la boda y la ceremonia misma sale mal! ¡Esto la convierte en una gran comedia que al público le encanta!

Creo que eso es parte de por qué esta pieza se representa con tanta frecuencia; la mayoría de los espectadores han presenciado al menos una boda en su familia; o los suyos propios, antes de ver esta obra. Hacer que tu día más hermoso (¡a veces no!) sea memorable requiere una preparación minuciosa; incluso entonces, las cosas pueden salir mal, lo que genera un drama aún mayor cuando se ve en el escenario. Y como nadie quiere experimentarlo de primera mano, el público aprecia ver tales representaciones representarse ante ellos en el escenario.

Permítanme ofrecer otro ejemplo de cómo funciona la dramaturgia. Si tu escritura carece de momentos que se vuelvan fascinantes o llenos de suspenso después de varias páginas, entonces tu pieza no califica como dramática: ¡la obra no puede funcionar sin conflicto y tensión!

¡Construye Banalidad! Esta es una excelente manera de aprender teatro. ¡Este proceso de dos etapas funciona perfectamente! ¡Prestar atención!

Una joven en una feria mira una noria vacía que gira lentamente a su alrededor.

¿Le parece intrigante y fascinante este tema y su drama? Talvez no; En ese caso, ¿qué preguntas te vienen a la mente nada más imaginar esta escena?

¿Alguien puede explicar por qué la mujer de esta foto está sola en la feria? ¿Están pensando en montarse en la noria y disfrutar de su paseo? Mis preguntas casi han seguido su curso... Ni siquiera quiero saber más, ya que mirar una noria vacía en una feria puede ser muy aburrido, ¿o es que necesitan alguna respuesta?!?!?

Así que ahora ampliemos esa oración:

¡Una joven en una feria está mirando una noria llena y girando cuando de repente alguien cae desde 30 metros de una de sus góndolas! ¡Guau! ¡ESO sí que es dramático!

Y luego vienen las preguntas: ¿Por qué se cayó esa persona de la góndola? ¿Fue un accidente o un asesinato? Quiénes iban en esta góndola, incluido quién es la joven que está sentada... ¿Quieres otro ejemplo que te ayude a familiarizarte con los momentos dramáticos? - ¡Sí, por favor!

Las parejas jóvenes y felices quieren casarse. Ambos quieren hacerlo "virginalmente".

Bueno, eso puede parecer poco convencional hoy en día, pero la decisión depende de cada individuo. ¿Qué dudas o consultas surgen de esta frase? Quizás una: ¿por qué ambas personas desean retrasar hasta su boda? Ampliamos este pensamiento:

Poco antes de la fecha de su boda, una joven pareja infeliz decide contraer matrimonio sin saber que están embarazadas, ¡sólo para descubrir que poco después la joven está embarazada! No hace falta decir que ahora hay más preguntas que respuestas para todos los involucrados.

Pruébelo para crear dramaturgia o un punto emocionante a través de oraciones como esta: ¡realmente funciona! ¡Además, tus ideas podrían aparecer en tu pieza! ¿Ya tienes una idea de qué debería tratar tu primera pieza?

Este principio debería ayudarte a determinar si quieres escribir una comedia, una novela policíaca, una obra de teatro o un musical. También tenga en cuenta si desea o no elegir entre escritura de bocetos, obras de un acto y obras de varios actos y en qué idioma(s) escribir.

En aquel entonces comencé inmediatamente con una obra de teatro en varios actos y desde entonces me he centrado únicamente en la comedia. Para los propósitos de este libro, analizaremos las comedias de larga duración. Como el alemán estándar es mi idioma de elección recomendado (aunque el bajo alemán puede funcionar si se traduce o se hace al alto alemán al publicar su pieza, el editor generalmente también recibe derechos para traducir su obra o novela a otros dialectos como holandés, alemán suizo o otro). Como el bajo alemán puede no ser algo que todas las personas puedan hablar con fluidez todavía, escribiremos nuestro artículo usando alemán estándar, aunque el bajo alemán puede funcionar si es necesario escribir el primer borrador en bajo alemán, ya que el bajo alemán se puede traducir al alto alemán antes de volver a traducirlo. antes de volver a traducirlo antes de escribirlo todo en alto alemán, ¡a menos que decidamos escribir nuestro artículo!

Tu idea inicial para la obra no debería surgir de ninguna parte. No cometa el error de escribir sobre alguien que va a prisión por evasión de impuestos y le dice a sus familiares que se alistará nuevamente en el ejército, sólo para que su barco se hunda más tarde, ni escriba sobre un grupo de teatro que representa obras con ensayo general y estreno. escenas que tienen lugar dentro de un acto, con resultados humorísticos.

Los aficionados al teatro ya reconocen estos conceptos: "Mi marido se hace a la mar" y "Nada más que lío". Si escribes algo parecido a estos, puede haber problemas con otros autores que reclamen derechos sobre él, por lo que lo mejor sería crear tu propia idea. para una pieza y encontrar su propia audiencia en lugar de plagiar algo que ya existe. Con miles de obras de teatro ya escritas, ¿son todavía posibles hoy en día? ¿Qué tema o ideas podrían generar algo nuevo en 2008 y más allá?

¿Qué idea aún no se ha utilizado plenamente?

Nadie le acusaría de estar completamente equivocado si cree que ya se han explorado todos los temas básicos. Estos pueden incluir herencia, ganar la lotería, nacimiento de un hijo, desempleo o quiebra y más.

Todos estos elementos ya existen, pero con la combinación adecuada surge algo nuevo: una pieza incomparable. Eso es precisamente lo que te corresponde a ti lograr.

Ten la mente abierta y usa tu imaginación cuando busques inspiración; Incluso si tu trama proviene de otra fuente, como una película o una novela, solo debes tomarla como inspiración y no copiarla directamente en forma de diálogo para publicarla como tu obra. Disfrute de su lado creativo e intente pensar en algo usted mismo.

Ahora se nos ocurre una idea para tu primera pieza. ¿Qué opina usted de esto? "Una mujer de 70 años que todavía tiene una tienda en la esquina debería ser deportada por sus hijos a una residencia de ancianos". ¿Qué asociaciones o preguntas me vienen inmediatamente a la mente como respuesta? Primero cierre el libro y piense profundamente en esta afirmación antes de escribir lo que le venga a la mente, luego lea más abajo esta idea para ver si le surge alguna pregunta similar. ¡Rápidamente se me ocurrieron cinco consultas de este tipo!

¿Por qué los niños intentan deportar a su madre?

¿Qué será de la tienda y qué planean hacer sus hijos con ella?
¿Cómo se comporta la madre? ¿Planes que está haciendo con otras personas, etc.?
Y por último, ¿cómo se paga la residencia de ancianos?

¿Mis pensamientos coinciden con los tuyos? - ¿Te pareció interesante el tema? Eso espero: esta idea es mía, pero ningún autor ha escrito todavía ninguna obra sobre ella. No hay mucha confusión sobre lo que abarca este tema. Claro, hay obras con hogares de ancianos y de retiro como tema; uno de ellos se representó el verano pasado en el Teatro Ohnsorg de Hamburgo con el título "Atschuss mien Leeve", mientras que los clásicos también los ocupan de manera destacada; pero creamos nuestro propio trabajo utilizando residencias de ancianos como telón de fondo y no como escenario. Como primer paso en el desarrollo de nuestra pieza, lo primero que debemos hacer es identificar cuándo debe tener lugar. Aquí tienes total libertad: elige cualquier período desde ahora hasta la década de 1970 (los teatros de aficionados pueden encontrar esto más desafiante), aunque el vestuario, el diseño escénico, el lenguaje y la moneda deben coincidir en consecuencia si se representa una pieza de teatro de aficionados de este período, como vestuario y escenografía de aquellas décadas- requerirán un cuidado especial a la hora de actuar. Los teatros aficionados tienden a tener más dificultades con esto que los escenarios profesionales cuando hacen la obra en sí, pero algunos todavía lo hacen adelantándola 20-30 años, ¡algo que nunca sucedería en una producción de teatro amateur! Así que acordamos comenzar nuestro trabajo conjunto a partir de 2008. ¿Le parece bien? Desafortunadamente no puedo ofrecer mucho más ya que la mayoría de mis piezas tienen lugar entre entonces y ahora, ¡y mis piezas generalmente tampoco existen dentro de esa época! Creo que sería posible presentar este trabajo nuevamente sin hacer modificaciones significativas, a partir de 2008 debido al lento ritmo de cambio en Alemania. Incluso en 2015 debería seguir siendo relevante y aún podría suceder; no confíen en mi palabra; solo tenga la seguridad de que podría suceder según lo planeado. El mundo está en constante cambio; la tecnología en particular es una increíble fuerza de evolución que a veces me preocupa; Si compro un teléfono celular hoy, probablemente quedará obsoleto mañana, ¡o antes! Sin embargo, en el caso de las obras de teatro, es común esperar que se puedan reproducir durante 10 a 20 años sin modificaciones, algo que observé en obras que escribí hace 10 años y que han sobrevivido casi sin cambios a pesar de que nuestra moneda pasó del marco alemán (DM) al euro. ¡Por lo tanto, el público podrá seguir disfrutando de su pieza durante bastante tiempo!

Quién sabe; ¡Quizás dentro de 50 años esta película se convierta en un clásico atemporal!

Ahora deberíamos abordar la escenografía. A lo largo de los años he conocido numerosos grupos de teatro amateur que se esforzaban mucho en sus escenografías; algunos incluso lo ven como una oportunidad para mostrarle al público algo especial. Pero pocos grupos eligen voluntariamente escenografías complejas. Además, muchas personas evitan mostrar múltiples escenografías; para algunos grupos esto es incluso imposible; Quizás en algún momento al escribir obras de teatro sea necesario mostrar toda la acción usando un solo conjunto. Lo experimenté de primera mano y lo encontré bastante inofensivo; algunos teatros de aficionados lo hacen bien. Aunque los conjuntos profesionales pueden utilizar escenarios giratorios sin problemas, nuestro enfoque debe seguir siendo los escenarios de aficionados; ¿Qué teatro amateur ya tiene uno? Si desea que su pieza se lea ampliamente y se interprete con frecuencia, evite conjuntos elaborados con múltiples componentes. Los grupos de teatro tienen la flexibilidad de cambiar la escenografía rápidamente, aunque imágenes completamente diferentes pueden desanimarlos, incluso si los grupos de teatro aprecian su obra.

Ahora quizás te preguntes qué tipo de escenario utilizar. Tus opciones para crear esto son enormes: el cielo o el infierno son dos buenos puntos de partida; para la última opción solicite y describa esta configuración de escenario en consecuencia. Considere la posibilidad de elegir lugares como restaurantes, panaderías, jardines, iglesias, campings o terrazas como posibles escenarios; alternativamente, salas de espera, burdeles, clubes, habitaciones de hospitales y obras de construcción también son opciones adecuadas...

Como todos sabemos por películas clásicas como "Chismes en la escalera" y "El caballero amueblado", los pasillos pueden ser escenarios excelentes. Cuando escribes tu historia y quieres que tus personajes se desarrollen en algún lugar específico, como el espacio o la luna, cualquier escenario servirá. ¡Recuerda que todos los actores deben ser visibles dentro de este escenario!

Como es aquí donde se congregan la mayoría de los personajes, los autores suelen seleccionar salas de estar o cocinas-comedor como escenarios para sus historias. Esto tiene sentido ya que las salas de estar y la cocina-salón son los puntos focales de los apartamentos; haciendo así su uso como escenografía natural y realista. Los baños en viviendas unifamiliares parecerían aún más inapropiados como escenario; ¡No es de extrañar que no se haya popularizado más! - Sin embargo, nada se opone al uso de grandes baños con varias cabinas y lavabos (por ejemplo, baños de hoteles o restaurantes) como escenografía; Nunca he visto uno antes, pero si esto te molesta, no lo dudes. No me importa en absoluto si eso te molesta, ¡házmelo saber!

¿Le fascinan los diferentes diseños escénicos? - ¿Te interesa una escenografía extraordinaria, o incluso diferente para cada acto de tu obra? Está bien. Entonces, tal vez un burdel para el Acto I de tu trabajo, luego un sitio de construcción para el Acto II y el Acto III espacial... Lo desaconsejo, pero recomiendo experimentar, ya que esto requeriría constructores de escenarios profesionales que pudieran lograr lo que pides, algo que los grupos de aficionados son menos capaces. de hacer en comparación con los constructores profesionales (cada acto tiene tres escenarios únicos que requieren equipos de construcción separados), entonces, ¿qué te sacaría a relucir? - Y lo más probable es que se obtengan resultados de ello... entonces, ¿qué pueden sacar los grupos de aficionados de múltiples diseños de escenografía que intentar algo como esto...? - ¡Los aficionados evitan conjuntos complejos como este!

Ahora tenemos que ponernos de acuerdo sobre una escenografía para tu primer trabajo, pero ¿cuál debemos seleccionar? Una opción sería que nos centráramos en una mujer, sus hijos y esta pequeña tienda como escenario. Dado que probablemente ella desempeñará uno de los papeles principales, lo ideal sería que este escenario se llevara a cabo en el lugar donde esta persona suele pasar su tiempo, como el lugar donde se puede ubicar su tienda, ya que esto podría servir como el escenario perfecto; sin embargo, tenga en cuenta los siguientes factores. mente antes de hacer esto:

Mostrar una tienda completamente amueblada requiere un trabajo considerable para los grupos; Es probable que se necesiten comida y accesorios. Si la mujer tuviera que ir a una residencia de ancianos (todavía no sabemos si sus hijos podrán hacerlo o no), ¿qué será de la tienda después? Dependiendo de la evolución, probablemente se abriría nuevamente como otra empresa.

El diseño del escenario requiere tiempo y esfuerzo, por lo que sugiero ubicar esta pieza en la cocina-sala de estar de esta mujer, con un pasillo indirecto que conduce directamente a una tienda al fondo. Esto se ve muy bien y permite a los espectadores imaginarlo aunque no lo vean directamente. Lamento que volvamos a las cocinas comedor; pero esta solución parece ideal aquí. ¿Estás de acuerdo? Excelente.

Al comienzo de cualquier obra, su autor debe describir su diseño escénico. No sólo hay que tener en cuenta el diseño del escenario, sino también las salas que no son visibles para el público pero que siguen siendo importantes para lo que está ocurriendo; aunque no es necesario describirlos. Cada escenario necesita una entrada y una salida, en este caso una puerta. El lugar donde se coloque dependerá de tu pieza; si no importa, simplemente escríbelo en tu descripción. Imagine nuestro diseño escénico de modo que el gran pasillo que conduce a la tienda esté colocado hacia la parte trasera, contra la pared trasera, para alejarlo de cualquier posible distracción del exterior. A su derecha hay una puerta que conduce directamente al exterior; mientras que a su izquierda hay otro que da paso a otras estancias. Cocina, Dormitorio y Baño) Ya que nuestro protagonista no siempre estará presente ni en el taller, ni en la cocina, ni fuera de casa; por lo tanto, la puerta izquierda tiene perfecto sentido como entrada a otras partes de la residencia de nuestro protagonista. Entonces, si ahora tenemos tres puertas (o dos puertas y un pasillo), es necesario determinar si todavía es necesaria o deseable una ventana. Una ventana siempre añade interés visual; pero si el propósito para tu pieza no tiene importancia (nadie necesita mirar hacia adentro o hacia afuera, no hay escape por la ventana, etc.), simplemente prescinde de él o déjalo en manos del diseño del escenario.

Según su tamaño y posibilidades, el diseño del escenario puede ser realizado por usted mismo. Si del proceso de escritura o creativo surge la idea de algo divertido con las ventanas o sus marcos que también sea parte integral del diseño escénico, esto es necesario; pero no obligar a los escenógrafos de las compañías de teatro con detalles que no aportan nada sustancial o necesario para la obra; ¡Simplemente porque permite una escritura más creativa!
Considere esa idea en su cabeza. Mi sugerencia no requiere ventanas; Son suficientes dos puertas (derecha e izquierda) con paso de regreso a la tienda.

Ahora que sabemos que nuestros objetivos están claros, preparemos la sala. Proporcione tantos detalles como sea posible, pero deje suficiente margen de maniobra para que los grupos creen sus propias obras de arte; y procura no incluir detalles que sean innecesarios para la pieza. Como director de juegos y constructor de escenarios, si describe un sofá gris ceniza como algo destacado en una habitación, me gustaría saber por qué ese color en particular es tan importante para su pieza. Así que deja fuera algo como esto sólo porque así es como lo imaginas, aunque no tenga absolutamente ninguna relevancia. Tan pronto como su obra sea publicada y representada, seguramente será testigo de varias producciones de la misma; cada producción también difiere considerablemente en los elementos de diseño del escenario. Antes de realizar solicitudes, asegúrese de considerar aquellos componentes que respaldan y fortalecen su pieza como parte de sus necesidades de diseño escénico. Los muebles deben combinar con cada personaje. Dado que nos hemos decidido por una dama mayor para nuestra obra (llamémosla Lady X por ahora), supongo que será uno de los personajes simpáticos de la misma. A sus 70 años, puede que no le vaya muy bien económicamente, pero aún así desea llevar la tienda de la esquina como fuente de diversión. Pero si ella es muy apreciada en su lugar de trabajo, entonces su administración de dinero seguramente será mejor, algo que también influye en nuestra escenografía, lo que ciertamente podría alterar su apariencia de manera diferente en la sala de estar de una persona rica y antipática que en la de Lady X. - Ahora mismo veo un salón-cocina limpio y acogedor que no indica ni riqueza ni pobreza. ¿Eres de la misma manera? Sin embargo, si imaginamos que los hijos de Queen X le quitan todas sus ganancias, obligándola a administrar la tienda incluso en su vejez a pesar de sus dificultades financieras, entonces la situación cambia por completo y el diseño del escenario ciertamente puede volverse más escaso.

Desde el inicio del escenario, la pobreza de Nuestra Señora se hace evidente a través de la escenografía, sin necesidad de ningún diálogo, haciendo una declaración inmediata sin necesidad de diálogo por parte de ninguno de nuestros actores. Desafortunadamente, esto se vuelve más dramático porque el tema parece muy serio y dramático... Pensé que habíamos acordado la comedia, y esta segunda opción para el diseño del escenario no fue exactamente lo que acordamos, espero que ustedes sientan lo mismo.

Imagina esta habitación amueblada y descríbela en tu pieza. Las salas de estar-cocina suelen contener asientos, como un banco de esquina o simplemente una mesa y sillas; dado que nuestra señora ya tiene 70 años, un sillón puede tener más sentido; PERO: ¡No dudes en jugar y utilizar accesorios y muebles de forma creativa!

Si hay una escultura china en tu pieza, su presencia debería tener sentido en términos de contexto. Si un reproductor de CD o un televisor figuran entre sus criterios de descripción, estos también deberían suponer una contribución razonable.

En algún momento los esfuerzos de un constructor de escena requerirán el uso de dispositivos de lastre y esfuerzo. Cuando esto surja en una escena de actuación, anota que esta foto le pertenece si aparece alguna. Si un actor usa uno en una escena de acción en una pared adyacente, ¡anótelo también! Si esta fotografía enmarcada llega a ser parte de otra escena, entonces escriba esa ubicación también como evidencia de que esta foto en particular proviene de ella.

Para empezar, los cuadros deben colgarse como parte del juego desde el principio. Sin embargo, si una imagen no es parte del juego, no te sientas limitado por colgarla directamente en una pared; Los pequeños objetos bonitos que puedas encontrar en tu cocina podrían funcionar igual de bien; la mayoría de los constructores de escenarios tienden a incorporar este tipo de decoraciones de todos modos.

Diseño de escenarios (calendarios, flores, decoración de mesas y armarios, etc.) ¿Me he dejado claro? ¿No? Permítanme ilustrar lo que podría implicar la escenografía de esta pieza:

Diseño de escenario:

Este diseño escénico representa la sala de estar-cocina de la Sra.... (Lady X). En la parte trasera, una abertura conduce a su tienda de comestibles, visible desde todos los asientos, que presenta varios paquetes de alimentos y bebidas disponibles allí, carteles publicitarios de dicha tienda, así como carteles publicitarios que promocionan dicha tienda de comestibles. Una cortina hecha de cuentas de madera o tiras de felpa impide que alguien la vea a menos que alguien pase. Hay una puerta que da al exterior tanto a la derecha como a la izquierda.

El espacio habitable de Lady X está amueblado de forma cómoda y sencilla y cuenta con un sofá, dos sillones (o un banco de esquina), una mesa, un armario y un teléfono; También hay tomas de teléfono y reproductores de CD cerca, así como tres fotografías en las paredes que representan a su difunto marido, su hijo y ella misma (ver figura a la derecha).
Nuera y nieto) con algunas novelas expuestas en un estante abierto pegado a una pared.
Si necesita varios decorados para otras obras que esté escribiendo, detalle cada escena individualmente: Acto 1: Acto 2: etc. ¿Satisfecho? - Bueno, cuando estaba pensando en nuestro diseño escénico me di cuenta de que usaría el teléfono en algún momento; la música también podría agregar profundidad. Para que Lady X lea; los cuadros en tus paredes simbolizan la calidez familiar que también podría tener significado en esta pieza; ¡Aquí ya he pensado en nuestros personajes que aparecerán en futuros capítulos de nuestra obra!
A muchos autores, incluido yo mismo, nos gusta utilizar la siguiente frase popular al final de las descripciones de las etapas: "El resto del equipamiento queda en manos del grupo de juego". Esto permite a los escenógrafos cierta libertad y, al mismo tiempo, espera que los grupos de teatro pongan en escena cosas que parezcan apropiadas en función del juego y el diálogo. La mayoría de los grupos de teatro de aficionados ponen mucho cuidado y reflexión en sus diseños; ¡Desafortunadamente no todas las personas logran esta hazaña!
Lo que aprendimos ahora fue simplemente delinear los requisitos establecidos para esta pieza.
Sin embargo, se aplican los mismos principios para cada diseño de escenario que necesites: descríbelo con gran detalle y dejando algo de espacio libre en el escenario. Una vez que el escenario comienza a subir y tomar forma frente a ti, tu corazón puede hincharse; sólo para luego ver que algo anda mal al mirar hacia atrás a través de las fotografías tomadas en estos sets; ¡Esto sucede con demasiada frecuencia!
Los grupos de teatro amateur, por mucho que delinees su escenografía, a veces olvidan algunas piezas esenciales, incluso después de tomar medidas para incluir todo lo

necesario para el éxito en su escenografía. Cuando se trata de accesorios que solo deben usarse una vez por acto, como los que se necesitan antes de cada escena al comienzo de cada acto. ¡Ocasionalmente esto significa extrañarlos por completo! Cuando eso ocurre no deben incluirse como parte del conjunto general, sino antes de cada escena.

En este punto, el diseño del escenario debería estar completo. Ha adquirido suficiente conocimiento sobre qué escenografías pueden y deben solicitarse a varios grupos como escenografía, y qué se debe evitar por completo.

Suponiendo que ya tenemos una idea y una escenografía descritas, pasemos a uno de los capítulos más cruciales: los personajes o protagonistas. Una decisión clave será cuántos incluir; ¿Debo incluir solo mi número ideal, o también debo considerar mi capacidad y considerar otros elementos que entran en juego como parte de su proceso de decisión? Hecho: Tu pieza puede incluir 20 o más actores sin romper ninguna regla; Las representaciones representadas y proyectadas en teatros al aire libre suelen contar con entre 30 y 50 actores a la vez, especialmente en producciones históricas que suelen utilizar incluso más. Me encanta ver cosas así. También hay mucho espacio afuera; un gran escenario al aire libre podría acomodar fácilmente a 50 artistas si fuera necesario, pero para nuestros propósitos aquí, centrémonos en espacios o escenarios pequeños que también podrían presentar artistas grandes. Los grupos de teatro amateur normalmente sólo requieren un cierto número de actores activos; el número depende completamente de tus ideas y trama; a veces, doce pueden ser suficientes; otras veces sólo son necesarios cuatro. En los estrenos de mis obras, los directores suelen solicitar más actores. Nuestro grupo consta de 15 miembros activos; Sería maravilloso si los 15 pudieran participar." Mientras tanto, cuando estoy en otra ciudad escucho a menudo: "Oh, por favor, escribe más piezas con menos jugadores en el futuro; Nuestro grupo sólo está formado por 6 personas y no todos quieren un papel".
"Bueno, como es difícil complacer a todos los escenarios, esta es mi recomendación: de 7 a 8 personas por pieza para garantizar la facilidad y accesibilidad en la mayoría de los escenarios. Sin embargo, puedes intentar escribir uno con 6, 10 o 13 personas como alternativa". ; pero en general 7-8 es óptimo."
Cada personaje requiere un nombre. Puedes darle a cada uno de ellos su propia identidad distintiva; Sin embargo, evita utilizar nombres de personalidades conocidas, ya que parecería una tontería que tus protagonistas llevaran nombres como Helmut Kohl, Heidi Kabel o Veronica Ferres; esto podría incluso causar conflictos. Pero incluso si los nombres de tus personajes no son "famosos", asegúrate de que sean los apropiados. Si hay una empresa destacada como Apple que pueda aparecer, por ejemplo. Si A. está dirigida por Hans y Beate Hansen, Ludger Memmen o Detlef Meyer como socios casados, entonces sería prudente no mencionarlos directamente en su artículo. Hay personas que tienen poco interés por el teatro, pero escuchar o leer su nombre dentro de una obra desconocida podría causar daño emocional a su personalidad. Si esta desafortunada coincidencia involucra a dos personas reales de una gran empresa o contexto similar; ¡Nadie debería culparte!

Mis personajes suelen tomar sus nombres de una antigua guía telefónica. Ahora también hay opciones de CD-ROM. Al crear mis historias, a veces mezclo nombres y apellidos de manera creativa; usted decide cuál es la mejor manera de abordar este desafío.

Hablemos de nombrar a nuestros personajes y el elenco de nuestra obra. Al principio, la Reina X juega un papel importante. ¿Qué nombre sería el más adecuado para ella? - Quizás Leni Kramer de su nombre original Helene sería suficiente, o ¿qué tal si Gerda Krupp o Johanna Muchal o Gesine Peters podrían adaptarse mejor según su gusto personal? Otra consideración a la hora de seleccionar un nombre apropiado es considerar sus edades; por ejemplo, la Reina X debería tener entre 17 y 18 años.

Hace al menos 70 años nadie habría dado a luz. Otro ejemplo: si tu obra involucra a un pastor, sus hijos pueden tener nombres como Simón, Juan, María o Ester; estas sutilezas se pueden aprender rápidamente, ¡créame! A veces un nombre puede ayudar a definir quién es un personaje; eso podría depender de preferencias personales; Para una joven simpática prefiero Silvia, Helga o Heidi como nombres a tener en cuenta. Tiendo a asociar nombres como Katharina, Elisabeth o Gertrud con personajes conflictivos en el escenario, por lo que al leer sus nombres tiendo a imaginar a estas mujeres como las responsables. En lugar de eso, prefiero llamar a cualquier figura masculina que me parezca un tanto incómoda Joachim Focko Gerd Heinrich o Kunibert. Sven, Jorg, Andre o Sebastian no parecen nombres apropiados para personajes así; ¿no estás de acuerdo? Pero como ocurre con todo, esto podría ser sólo una opinión personal. *Si algún lector se identifica como Elisabeth o Gertrud y se cree gente encantadora, perdone mi comentario por considerarlo una generalización insultante.

Por cierto, supongo que nuestra señora X es de ascendencia alemana, de ahí su nombre alemán Helene Kramer (conocida por Leni).

¿Quién más debería protagonizar nuestra obra? ¿El hijo y la nuera de Leni? Eso fue lo que pensé al describir el diseño del escenario (fotos en las paredes). Si eso vuelve a ti, bien. Dado que Leni estuvo casada anteriormente, sus apellidos probablemente cambiarían; ¿Quizás Rudolf e Ina Pleiss? ¿Por qué lo haríamos? Dado que coincidimos en que Leni enviudó, esto parece bastante apropiado para la historia. Hasta el momento tenemos tres figuras; Leni, su hijo y su esposa. Si Leni se casó cuando tenía entre 20 y 30 años, eso nos da versiones de cada uno de 40 a 50 años. ¿Ambos tienen hijos? ¿Sería aceptable si asumiéramos el papel de encontrar y contratar a una persona que tenga una relación excelente con su abuela y pueda desempeñar un papel integral en los enredos de nuestro grupo? ¿Funcionaría Daniel Pleiss? Bien. Con semejante rango de edad siempre habría espacio para el crecimiento entre los grupos, para todos los involucrados.

Personajes de la pieza. Solicite información específica sobre la edad únicamente si es realmente necesaria; por ejemplo, podría poner un ejemplo como: "El 75 cumpleaños". Sin embargo, lo ideal sería que un actor primero se representara a sí mismo como si tuviera 74 años antes de interpretar ese personaje en el escenario. Nuestro artículo se centra en la comprensión de Leni de la edad de jubilación, y esto probablemente surgirá en su diálogo. Por lo tanto, su edad debería reflejar la realidad con mayor precisión que la de otros personajes. Entonces, para nuestra Leni, ¡ese número es 70! Los grupos de teatro ahora necesitan presentar una actriz de 70 años para este papel, pero los maquilladores pueden convertir a jóvenes de 20 años en ancianas mediante el arte del maquillaje. Hacer a alguien más joven requiere más esfuerzo; Si discutir una edad exacta se vuelve relevante en el diálogo o se pregunta directamente por su importancia, entonces asegúrese de expresar este hecho con precisión en el diálogo u otras formas de discusión.

Ahora a nuestras cifras. Ahora tenemos cuatro: Leni, Rudolf, Ina y Daniel. ¿Recuerdas nuestra idea básica? Imagínese nuevamente esta escena con Leni en su tienda y lo que podría pasar. El conflicto ya existe dentro de nuestra idea básica - en caso de que se le haya olvidado... aquí hay un recordatorio: una mujer de 70 años que dirige una tienda de la esquina debería ser enviada por sus hijos a un centro de jubilación asistida".

En esencia, esta historia se puede dividir en "buenos" y "malos". Esto es bueno, ya que de lo contrario no habría ningún conflicto, lo que haría que cualquier juego fuera mundano y aburrido. Todavía necesitamos personajes que apoyen el lado de Leni (por ejemplo, su madre o su padre). Los personajes con los que Leni puede hablar sobre su situación son importantes: a quién podría recurrir, amigos de edad similar con quienes pueda discutir planes para el futuro de sus hijos, tal vez uno que también haya enviudado... Hhm... Esto podría resultar bastante interesante. ! Elijamos dos: Helga Willms y Trude Lehmann son sólo dos nombres que se me ocurrieron; ahora ya tenemos seis cifras; ¿Son suficientes? Personalmente, preferiría dos adicionales solo para mayor complejidad. ¡Déjame saber tu opinión a continuación en la sección de comentarios a continuación! Creo que sí

¿Su hijo le presentó a Leni a una persona que potencialmente podría volverse cercana, enamorarse seriamente de Leni o simplemente actuar como intermediario en su conspiración contra Leni? Además, ¿qué tal las mujeres jóvenes como posibles pretendientes? - Daniel podría conocer a esta joven ya sea por amistad o por interés romántico; pero ¿y si el hijo de Leni, Daniel, también tuviera un amante joven? Todo es posible y planeo crear ambos personajes; ¡Llamemos al caballero Karl-Heinz Ahrens y a la joven Gabi Meyer! En este punto, creo que hemos completado nuestra lista de personajes. Si bien es posible que se necesiten personas adicionales o que se eliminen personajes existentes; eso dependerá de cómo evolucione la pieza. Reunimos nuestra lista completa, que debería aparecer en la página 4 de su manuscrito y podría verse así: Jugadores: 5 mujeres/3 personajes masculinos.

Helene Kramer (llamada Leni) - viuda (70 años). Rudolf Pleiss: hijo de Rudolf de su primer matrimonio (40-50 años). Ina Pleiss era la esposa de Rudolf de su segundo matrimonio (aproximadamente 40-50 años). Daniel Pleiss (ambos hijos - 20-25 años). Además, Helga Willms, la amiga íntima de Leni tenía aproximadamente 60 años. Trude Lehmann también desempeñó un papel fundamental. Karl-Heinz Arens estuvo presente durante todo este período (70 años).
Gabi Meyer (20-25 años).

Como nuestra obra requiere cinco actores femeninos y tres masculinos, esta combinación debería resultar versátil para su uso en muchos escenarios. Karl-Heinz y Gabi siguen teniendo papeles abiertos; su relación con Leni sigue desarrollándose mientras escribimos. Al seleccionar a los amigos de Leni, opté por varias edades porque muchas etapas no presentan a tres jugadores que ya tengan 70 años juntos, además de proporcionar un diálogo humorístico entre personajes que tienen perspectivas distintas debido a la disparidad de edad.
Carácter y apariencia Descripción de los personajes.

Ahora que se han elegido los protagonistas, puedes tomarte un tiempo para describir cada personaje en la página siguiente. Si bien algunos autores hacen este paso explícitamente, prefiero que el diálogo me lleve directamente al desarrollo del personaje; de lo contrario, mi pieza probablemente no funcionaría tan bien. Los personajes existen únicamente dentro de tu cabeza. El conflicto añadido tempranamente crea diferentes tipos de personas con rasgos de carácter distintos; De manera similar, las descripciones de la ropa deben describir quién aparece. La ropa también depende del carácter. Si tiene más sentido para ti visualizar a tus personajes en la página 5, no dudes en hacerlo. En esa misma página, debajo de sus nombres, escriba el tiempo de reproducción, el lugar y posiblemente la duración de la pieza. ¡Los editores y grupos aprecian inmensamente este gesto! Eso podría verse así:

Hora de juego y lugar de esta obra: Verano en Blumberg (pequeño pueblo en algún lugar de Alemania).

Tiempo de reproducción: Aprox. 100 minutos sin descansos

El tiempo de ejecución de tu pieza depende completamente de ti; también se han desarrollado algunas obras en torno a fiestas concretas como Navidad, Semana Santa o Pentecostés; esto determina automáticamente su temporada. Por supuesto, si su pieza abarca varias temporadas, las estaciones también cambian en consecuencia. Por ejemplo: si el acto 1 de su obra comienza en febrero; el nacimiento del niño tiene lugar durante el Acto 2, que tiene lugar en agosto o septiembre; Esta información es esencial, ya que los actores probablemente usarán ropa diferente durante el invierno y agosto respectivamente, y puedes agregar más diálogo basado en el clima al diálogo. Preferiría que nuestra obra se desarrollara exclusivamente en verano; Todavía no sé la duración, pero no más de 4 a 6 semanas deberían ser suficientes, o un verano puede ser suficiente.

Marco: Mi inspiración para esta pieza con su pequeña y encantadora tienda de comestibles proviene de imágenes de pequeños pueblos, tanto urbanos como rurales. Realmente no importa dónde se desarrolle tu pieza; lo único que importa es que su público reconozca rápidamente que este pequeño lugar y el pueblo más cercano están a sólo kilómetros de distancia. Prefiero crear nombres de lugares ficticios; Los lugares reales rara vez aparecen en mi trabajo. A algunos grupos incluso les gusta ajustar la acción al lugar donde realmente se desarrolla su actuación, si es necesario; No me importa; ¡Nuestra sede en Blumberg suena como un pueblo!

El tiempo de reproducción depende de la longitud de las páginas. Por ejemplo, elegir el tamaño de tipo de letra Times New Roman 12 y DIN A5 como tamaños de página produciría algo parecido al ejemplo de diálogo de la página 61 de este libro; sin embargo, recomiendo insertar párrafos entre los diálogos para lograr un mayor impacto. Con este formato, 90 páginas de texto equivalen a unos 90 minutos de pura reproducción; Consejo: una pieza ideal no debe exceder los 120 minutos sin descansos; 90 es lo ideal.

Los 100 minutos indicados en la descripción no son vinculantes y sirven sólo a modo de ejemplo.

Lo que debería incluirse en las primeras páginas es un resumen de su contenido, aunque es posible que eso no sea posible todavía porque aún no lo sabemos todo; ¡al menos yo no! Pero si lo sabes, te aplaudo y te animo a que lo escribas todo de inmediato.

Los programas de procesamiento de textos nos dan el poder de agregar y eliminar texto a voluntad y cambiar el diseño en cualquier momento, tal como lo hacen los editores antes de imprimir su manuscrito. Sugiero configurar las páginas de tu artículo al menos ahora; algunos editores utilizan DIN A4, mientras que otros prefieren DIN A5. En última instancia, depende de usted qué formato funciona inicialmente para su pieza; ¡siempre puede cambiar de formato más adelante!

Suponiendo que quieras un cambio, configura las páginas con DIN A5, comenzando en la página 5. En esa página comienzas a escribir el primer acto; las páginas de portada 2 a 4 contienen títulos/autores/contenido/jugadores y detalles del diseño del escenario; Todo lo que realmente se necesita para configurar las páginas es un tabulador con los nombres de los personajes en el borde izquierdo y el diálogo tabulado para que sea más fácil de aprender para los actores, como este:

Beatrice: Paula, adopta una perspectiva diferente: eres soltera y necesitas algún tipo de apoyo; a los 55 años, eso significa vivir solo de un ingreso...

Paula: ¡Gracias por recordarme mi extraordinaria vida!

Beatrice: ¿Para qué tomarse unas vacaciones, si sólo sirven para descansar temporalmente en Merseburgo y usted no tiene talento para elegir regalos de Navidad?

paola: ¡espera! Los hijos de mi hermana Gertrud esperan todos los años con ansias los regalos de tía Paula; es decir, tres de ellos, de 12, 15 y 21 años. Sé las exigencias de los jóvenes en materia de regalos (comer de nuevo). (Paula tiene que hacer una pausa)

Beatrice: Los regalos de Navidad de este año pueden ser más pequeños.

Paula: Sí, exactamente un 50 por ciento más pequeño. - ¡¿Te importa lo que nos estén haciendo aquí?! ¿Por qué siempre te comportas así: PIANO?

Beatrice: Porque no tiene sentido estar enojado por cosas que nosotros, como ciudadanos promedio, no podemos afectar. Por ejemplo, la economía de Alemania se enfrenta a una dura competencia, mientras que otras naciones europeas pueden producir chocolate de forma más rentable: así es como funcionan las cosas.

Paula: Hola... ¿Puedo darme tu perspectiva para esta reunión de todos los empleados de la empresa...? paula:

¿Has completado ese paso? Excelente. Ahora elija un tipo de letra fácilmente legible; Times New Roman y Arial son opciones populares. Si todo esto le está causando problemas y es nuevo en WORD o necesita más instrucciones de mi parte, sólo puedo ofrecerle orientación básica; Mi libro no proporcionaría explicaciones detalladas sobre cómo utilizar un programa de procesamiento de textos como Word. Por lo tanto, la mejor opción puede ser conseguir que alguien con experiencia le enseñe los conceptos básicos o realizar un curso de WORD.

En la página 5, estás escribiendo "ACTÚA PRIMERO. Los actos de 3 actos son extremadamente populares entre los grupos de teatro, y yo prefiero escribir obras de esta forma. El número de actos depende en gran medida de la frecuencia con la que su trabajo requiere tiempo, o si es que lo requiere. saltar, dado que este probablemente será su esfuerzo inicial, probablemente tendría más sentido comenzar con un episodio de 3 actos. Primero vienen las descripciones de cómo se junta la primera escena cuando se abre el telón: ¿entran los personajes o no hay nadie allí? ¿Y sólo escuchamos ruido? En "Welcome to Chez Andre", escrito junto con Christoph Bredau, todo se parece a esto:

Primer acto. (Cuando se abre el telón, Andre y Frank están sentados alrededor de una mesa leyendo una edición de un diario mientras se ven un poco abatidos. Hay un teléfono celular sobre la mesa; es martes por la tarde con objetos esparcidos como ropa, periódicos, botellas vacías. y paquetes de alimentos).
No exageres, pero imagina a dos personas vestidas descuidadamente (camisetas o camisas abiertas sin botones, vaqueros con grietas y zapatillas gastadas, zapatillas viejas). No parecen muy ordenados. Parecen tener zapatos mixtos. Tampoco parecen muy ordenados entre sí (no del todo ordenados pero tampoco sucios) cuando caminan uno hacia el otro de manera "maleducada").

Por lo tanto, debes dar detalles de quién está presente, qué están haciendo y qué accesorios aún pueden ser necesarios en una escena. Al describir la ropa de los actores, así como el estado de ánimo/comportamiento/hora del día, todo puede ayudar a crear la impresión que el espectador tiene de todo lo que ve a la vez: todo el escenario más la primera escena. ¡Infórmele inmediatamente sin necesidad de diálogo con los propios actores!

¿Qué pensaría si describiera el comienzo de "Welcome to Chez Andre" como lo hice antes en sólo 10 a 20 segundos como espectador?

Puedo imaginarme a dos hombres, ninguno de los cuales está muy bien vestido, leyendo periódicos juntos en una mesa mientras parecen aburridos y sentados allí leyéndolos a ambos mientras parecen bastante aburridos: ¡una comprensión instantánea para cualquier espectador! Esta escena debería quedar clara para todos, ¿verdad?

Tan pronto como tu audiencia comienza a pensar, tu pieza comienza su primer diálogo. No hay necesidad de largos prefacios e introducciones; Partir directamente de esta situación inicial. Como espectador, ya puedo darme cuenta de que algo anda mal entre ambos personajes; sus interacciones parecen incómodas, lo que deja a un miembro de la audiencia sabiendo algo de esta escena aún sin palabras. - Otro ejemplo podría ser:

Al inicio del Acto 1 (Jueves Santo aproximadamente a las 16.30 horas), no habrá actores en el escenario cuando se abra el telón; en cambio, sólo hay flores con pétalos marchitos colocados marchitos en taburetes y alféizares de ventanas, junto con televisores cubiertos por sábanas o telas y posiblemente otros objetos cubiertos con telas).

Aquí la situación inicial es más inusual. Ningún jugador en el escenario. Están presentes flores marchitas y muebles cubiertos; ¿Qué debería pensar el espectador de todo esto? ¿Hay gente escondida aquí? Sin duda se ve de esa manera...

Nadie ha estado allí desde hace tiempo (no sabemos si el apartamento está vacío o sus habitantes están de viaje), pero el público aprenderá rápidamente en la primera escena y el diálogo que sigue. Un hecho no revelado a través del texto: es Jueves Santo; sin embargo, pronto esto se da a conocer a través del diálogo que sigue. - Tercer ejemplo:

Harald está sentado en su escritorio, escribiendo en el teclado de su computadora; Lena aspira el polvo delante de él; Harald parece molesto por el ruido, mientras que Lena parece angustiada por todo y constantemente se seca las lágrimas. ¡Todo esto en una mañana normal de sábado!

Al levantarse el telón encontramos a dos alegres actores en escena; un hombre y una mujer. Aunque aún se desconoce si estos dos están casados o son compañeros de vida todavía; sin embargo, vemos evidencia de conflicto sin que se intercambien palabras: él está molesto por el sonido de su aspiradora; ella parece muy angustiada por todo esto. Aquí no parecen necesarios accesorios adicionales (excepto quizás la misma aspiradora); de hecho, el diseño del escenario permanece sin cambios tal como se describió anteriormente.

Una vez que hayas descrito el comienzo del juego, comienza el diálogo inmediatamente en la primera escena del Acto 1. Algunos autores que prueban su primera novela cometen el error de escribir un diálogo largo como introducción inicial; Esto puede resultar tedioso e incómodo. En su lugar, pasa directamente a la acción inmediatamente en la Escena 1, sin preámbulos innecesarios, ya que las relaciones y los conflictos deberían aparecer de forma natural durante el juego.

Como miembro de la audiencia, con frecuencia veo a los directores salir frente al telón y darnos la bienvenida antes de explicar y describir la pieza, a veces hasta el último detalle e incluyendo un eventual remate. En esos momentos podría subir al escenario y matar a esta persona inmediatamente; ¡Alguien primero debe explicarme todo!

Por mucho que quiera verlo ahora, el contenido debe estar tan mal escrito o esta persona debe ser tan incompetente como para requerir este requisito.

Lo hace porque supone que su público carece de suficiente inteligencia para apreciar la comedia. Una tercera posibilidad podría ser que se haya eliminado tanto texto que sea necesaria una explicación; Como espectador, sin embargo, debo comprender todos los elementos sin necesidad de anuncios ni explicaciones de un funcionario.

Entonces, ¿cómo sería la escena inicial de tu obra? Ahora que entendemos su concepto central, tienes varias opciones disponibles para desencadenar la acción de la historia. Considere estas posibilidades: 1. No hay actores en el escenario, pero escuchamos a Leni despedirse de un cliente antes de entrar a la sala inmediatamente después. 2. Leni y sus hijos se sientan alrededor de una mesa. 3. Leni presenta a Daniel, su nieto, a la sala de estar.

4. Leni está en su tienda cuando entran su hijo y su nuera, discutiendo su futuro junto con el de la tienda de Leni y el de ella.

Por lo tanto, hay varias formas de iniciar la acción, pero en última instancia, la elección recae en usted. El conflicto es la base de todas las obras de comedia, por lo que cuando se establece una, debe surgir en cinco minutos o desarrollarse rápidamente en el primer acto, ¡lo que la convierte en una obra emocionante y entretenida! En nuestro caso, esto significó proporcionar actualizaciones rápidas sobre lo que estaban haciendo los hijos de Leni con la suficiente rapidez.

De vez en cuando recibo manuscritos de escritores jóvenes que buscan mi opinión honesta antes de ofrecérsela a los editores. Aunque las obras dramatúrgicamente correctas son cuestiones subjetivas de gusto, todavía puedo brindar a los escritores primerizos consejos honestos sobre cualquier error grave en sus manuscritos o la falta de ellos. Al leer una obra, dos o tres actores tienen una conversación agradable en la que todas las partes involucradas simplemente asienten o están de acuerdo sin desacuerdo y el espectador comienza a preguntarse qué está pasando; definitivamente no es una buena escritura; ¡Algo tiene que suceder o al menos debe dejarlos pensando de esta manera!

¡En el escenario, nada de interés debería suceder sin conflicto! Recuerda esta frase: "¡¡¡Ningún conflicto es apropiado !!!!". Así pues, así podría comenzar nuestra pieza en su primera escena:

Rudolf e Ina se quedan en silencio en la habitación cuando se abre el telón; Ambos parecen inseguros e inseguros. Se puede escuchar a Leni despidiéndose de uno de sus clientes desde atrás).

Si elegimos esta ruta, el público se sumergirá inmediatamente en la primera escena del drama. Si bien es posible que ya anticipes que Rudolf e Ina quieran conocer a Leni, cambiemos las cosas: ¿qué tal esto en su lugar?

(Cuando se abre el telón, no hay ningún jugador presente en el escenario. Luego, Leni da un paso adelante desde atrás con una caja de efectivo, se sienta en una mesa y comienza a contar dinero; poco después, Daniel entra por la derecha).

Ahora aprendemos sobre Leni y su tienda, conocemos a Daniel y podemos permitir que el conflicto surja más tarde: la rapidez con la que la audiencia encuentre ese conflicto depende de usted; lo que importa es que ocurra.

Una obra de teatro suele comprender varios actos. En el primer acto, creamos un conflicto mientras brindamos a la audiencia información sobre los personajes; durante el segundo acto desarrollamos más los elementos de la trama y alcanzamos el clímax; Finalmente, en el tercer acto, aclaramos el conflicto y ponemos fin a todo, cumpliendo con la mayoría de los personajes y dejando una experiencia visual agradable para los espectadores por igual.

Cada pieza de nuestra obra presenta no solo una trama principal sino que también puede contener tramas secundarias. Leni y su tienda son nuestra trama principal; subtramas adicionales podrían implicar que Rudolf se sienta atraído por Daniel o viceversa o posiblemente que Leni tenga problemas matrimoniales.

Antes de escribir tu primer acto, quiero señalar un error que veo a menudo entre los manuscritos enviados por escritores jóvenes: a menudo cometen el error de romper parejas románticas demasiado pronto o simplemente no dar suficiente desarrollo al carácter en general. Bajo ninguna circunstancia debe ocurrir esto:

Los actos suelen tener una duración de entre 25 y 35 minutos (si su obra de tres o cuatro actos es lo suficientemente larga) sin cambios de tiempo; Entonces, si la escena de la mesa del desayuno comienza a las 8 a. m. y termina a las 8:30 a. m., entonces ese acto habrá concluido a las 8:30 a. m. El segundo acto comenzará sobre las 15.00 horas y debería finalizar sobre las 15.30 horas. Esto debería hacer que el tiempo sea real durante tu acto de juego; sin embargo, si los cambios de tiempo ocurren inevitablemente (por ejemplo, debido a que los actores entran y salen en diferentes momentos), se deben encontrar soluciones inteligentes (por ejemplo, introducir múltiples actos y diferentes escenas simultáneamente). Cambie de la tarde a la mañana usando música y efectos de luz para que el espectador sea consciente de estos cambios de tiempo. Preferiblemente esto debería ocurrir durante un descanso apropiado sin actores presentes en el escenario; pero en general sería más prudente no hacerlo. Entre actos, puedes jugar con el tiempo como mejor te parezca: ¡esto podría incluir minutos, horas, días, semanas, meses y años! ¡Simplemente no cambies el tiempo en un solo acto! He leído manuscritos y visto obras de teatro donde el primer acto comienza con el desayuno y termina 25 minutos más tarde, cuando el personaje principal va a una discoteca que abre sus puertas a las 8 de la mañana. Y, sin embargo, el diálogo suele indicar que ya era tarde: ¿cómo se supone que debo comprender ese escenario como espectador? ¡No cometas este tipo de errores!

Mientras escribes, mantén cada carácter en primer plano en tu mente mientras escribes. ¿Dónde está ahora? ¿Cuáles son sus intenciones? Esto evitará que Leni entre al dormitorio y luego vuelva a salir como una extraña; debió haber entrado por algún otro medio si ese fuera el caso y no había rima o razón dada en la obra para tal acción; de lo contrario, el espectador podría confundirse y desconcertarse. - Esta misma técnica también funciona al escribir ficción flash.

La duración de la ausencia se refiere a cuánto duran las ausencias de los actores; por ejemplo, cuando los personajes realizan compras importantes, deben dedicar suficiente tiempo y permitir que la audiencia los siga lo mejor que puedan. Esté atento a cualquier detalle mínimo que pueda pasar desapercibido; los espectadores tienen ojos muy agudos que notan todo y todo lo pueden notar muy fácilmente; por lo que cuando un actor sale de la sala para ir de compras no puede volver en dos minutos con las bolsas llenas. Piense en cuánto tiempo necesita USTED para comprar; Dale a este actor suficiente tiempo en pantalla en tu pieza o déjalo aparecer nuevamente si es necesario.

Mientras escribes el primer acto, ten en cuenta que cada línea pronunciada por tus personajes debe transmitir significado. Pregúntate por qué un actor dice algo. ¿No sabes exactamente qué quiere decir este actor con esto? Mirar:

Anne: (después de pensarlo un poco) ¿Qué opinas de nuestro nuevo servicio de té?

Florian: La madre y el padre lo compraron para conmemorar el vigésimo aniversario de bodas de la hermana de la madre; La propia madre compró al menos seis tazas directamente en Purple Flowers Tea Party Shoppe (Burwood Road). Ana:

Florian: Algo hermoso en la pared durará toda la vida, respondió Anne con desdén. ¿Qué tipo de motivo se pretendía? ¿Quizás una mujer desnuda para su dormitorio? A Florian le puede gustar algo similar (sonriendo)

Anne: Sí, por supuesto. Olvidémonos de eso rápidamente. El regalo ideal debería ser algo inesperado que no agrade simplemente al padre. Florian: ¿Por qué los regalos para las bodas de plata de los padres deben ser distintivos y excéntricos? Anne: Bueno, porque somos niños, ¿no debería ser demasiado difícil?

Florian: ¿Qué te parece? - Mamá lleva semanas quejándose de cómo se siguen quemando sus ollas. Ana: ¡Ese es un regalo de bodas inaceptable por parte de niños! No dan electrodomésticos ni ollas.

florián: claro. Es mejor algo práctico que algo que no usarán que algo inútil como algún tipo de baratijas o juguetes inútiles que nunca volverán a usar. Anne: No, gracias, ¡eso nunca sería suficiente! Si mi marido me regalara algo práctico como un cocedor de huevos o una tostadora el día de nuestra boda, ¡tampoco me casaría con eso!

Como se puede ver claramente, una pareja de hermanos está discutiendo sobre un regalo apropiado para sus padres en sus bodas de plata, pero ninguno de los dos está de acuerdo en la solución ideal: un hijo prefiere consideraciones prácticas, mientras que el otro desea un romance y quiere que se haga bien. A través del diálogo, aprendemos mucho sobre ambos personajes: ¡cada oración tiene significado en sí misma y nos da una idea de quién dijo qué y cuándo!

Reducir los detalles innecesarios sólo porque la escena debería ser más larga es clave; manténgase encaminado manteniéndose concentrado; Con el tiempo podrás controlar esto, pero al principio sigue preguntándote: "¿Por qué el personaje X dice o reacciona de esta manera?". y "¿Por qué el personaje Y respondió así?" como indicaciones.

Como continuación de mi sugerencia anterior, permítanme sugerir cómo podría comenzar nuestra comedia en su escena inicial:

1. Leni: (entra por la parte trasera de la tienda con su caja de efectivo y su libro, camina directamente hacia una mesa y se sienta. Una vez allí, comienza a contar dinero y a escribir números en su libro antes de abrumarse y dejar de contar por completo.). Su ropa parece normal y cotidiana).

2. Escena 2 Daniel (entra por la derecha, vestido con ropa deportiva de verano y poco antes llama a la puerta. Leni se alegra de ver a su nieto) ¡Daniel! ¡Mi hijo! Daniel: (se acerca y le da un beso en la mejilla a Leni), luego pregunta cómo fue el negocio hoy antes de felicitar las ventas, ¿estuvieron todos satisfechos?

Leni: En cuanto a mis necesidades, siempre están cubiertas y ya no se refieren a mí como tía Emma.

Daniel: Abuela Leni, ¿me puedes dar otro paquete de cigarrillos, por favor? Es Leni: Fumar con demasiada frecuencia...

Daniel: (la interrumpe) Fumar daña la salud, envejece la piel, puede reducir la impotencia y apesta...- Abuela, dejar de fumar no es tan fácil... Leni: Tu abuelo sentía exactamente lo mismo en aquel entonces; ¡Tampoco podía dejar de fumar y eso fue con solo 73 años!

Daniel: Abuela, necesito que me ayudes. Tu abuelo tuvo un accidente. mes Leni: (un poco triste) Si. No hablemos de eso; Sólo ayúdese. Daniel (le acaricia el hombro brevemente, antes de irse para ayudar a su compañero de tienda en la parte de atrás) Leni (lo mira brevemente antes de continuar con su trabajo de contabilidad)

Tercera escena

Ina y Rudolf entran vestidos con ropa de verano. Rudolf saluda brevemente a Ina mientras Ina hace una entrada directa y asertiva: ¡Buenas noches, suegra! Rudolf responde rápidamente: Madre.

Leni: (un poco sorprendida) Vaya, ¿y tú? ¡Todavía estaba haciendo la facturación diaria cuando llegaste aquí! ¿Qué puedo ofrecerte, un té?

Ina: [con determinación y firmeza] Suegra, por favor vuelve a sentarte porque hay algo entre nosotros que debemos discutir. Leni volvió a sentarse, tentativamente insegura de lo que está pasando o de por qué Ina está tan seria. Ina continuó diciendo lo que pensaba con determinación: ¡Pareces muy seria hoy, Ina! El tono de Ina fue claro cuando entró mientras se levantaba lentamente y finalmente volvía a sentarse: ¿Sí? Entonces, ¿qué pasa hoy, Ina? ¡Pero pareces tan serio! Entonces, ¿qué es lo que hace que Ina sea tan seria? ¿Y entonces qué pasa con su expresión seria? A Leni le parece bastante seria mientras lentamente se vuelve a sentar insegura, insegura se vuelve a sentar lentamente: ¿Sí? Entonces, ¿de qué estamos hablando hoy Ina? Ina obviamente se ve muy intensa. Leni, insegura, vuelve a sentarse lentamente: ¿Sí? Entonces, ¿qué está pasando aquí hoy, Ina? Leni vuelve a sentarse lentamente: ¿Sí? Entonces, ¿qué está pasando aquí hoy, Ina?

Leni vuelve a sentarse lentamente: ¿Ah? Entonces, ¿qué está pasando hoy con tu expresión? En un

Rudolf: Madre, hace semanas que queríamos hablar contigo pero lo pospusimos constantemente. Ina: Pero ahora ya es demasiado tarde; No podemos esperar más.

Leni: Eso suena dramático. ¿Hice algo malo? 4ta Escena.

Daniel: (regresando de la parte trasera de la tienda durante la última frase de Ina; sosteniendo un paquete de cigarrillos y mirando a su alrededor) Oh, ¿reunión familiar?

Ina: ¿Qué haces aquí? Creo que debes estar en el entrenamiento de fútbol.

Daniel: Cancelado (presagia el mal). Tu mirada me dice que algo anda mal aquí... Parece que no estás aquí para tomar un café, Rudolf. Daniel: Eso no está bien; ¡De ninguna manera, así no! Leni: ¿Con quién están hablando ahora?

Rudolf: ¿Cuánto tiempo llevaremos esto con nosotros? daniel: papá. leni: vaya. Así que esto es todo; ¿Me estás diciendo que debo cerrar mi tienda y mudarme a una comunidad de jubilados asistidos? - Bueno, ahora la verdad ha sido revelada.

Tan pronto como la pieza comienza de esta manera, el conflicto es inevitable en cuestión de minutos. Ya has proporcionado mucha información sobre el personaje de Leni: viuda; buenas relaciones con el nieto; querer interrumpir la contabilidad para ofrecer algo a los niños; Daniel sabe lo que planean sus padres, pero parece desaprobarlo; el yerno y la nuera parecen duros con Leni; A ambos no les gusta su presencia, ¡todo dentro de tres páginas de texto!

Sin embargo, también podríamos esperar hasta que Ina y Rudolf aparezcan primero. Quizás prefieras que Daniel le dijera a su abuela lo que sus padres estaban planeando, o incluso puede ser que la novia de Leni vio que Ina y Rudolf habían planeado para

Leni y así fue la primera persona en entrar en escena - todo es posible aquí - toma lo que te gusta o encuentras tu propio punto de partida único; ¡tu pieza te pertenece!

Sigamos adelante con mi sugerencia: ¿qué podría implicar la pieza a continuación? ¡Ahora es tu oportunidad! ¿Cómo responde Leni y qué hace a continuación? Daniel podría ofrecer su ayuda a Leni en este momento; ¿Por cuánto tiempo continúa esta conversación? ¿Quién sale y quién entra en la siguiente escena?

¿Qué será de Leni y su tienda? Este debe ser el tema que unifique toda la comedia, hasta el final. Deje volar su imaginación mientras escribe todos los escenarios posibles. A continuación se ofrecen algunos consejos útiles:

Evite escribir diálogos que duren más de 10 minutos y que consistan simplemente en un diálogo interminable sin puntos altos ni bajos, ya que rápidamente se vuelven aburridos para los espectadores. Siempre debería estar sucediendo algo; generar tensión. Llena un acto de tu comedia con al menos 8 escenas; A veces, más puede funcionar mejor. No intentes hacer reír a la gente del público con expresiones groseras en los diálogos: la comedia debe surgir únicamente del diálogo, el texto y la comedia situacional, sin utilizar palabras cerdas para animar a los espectadores a "golpear los muslos".

Cuestionar qué constituye el verdadero humor puede hacer que uno se pregunte: ¿qué es exactamente lo divertido que estoy viendo y de qué se ríe el público? La primera regla de la comedia es ésta: ¡el público sabe más que cualquier actor en el escenario lo que está pasando!

El trabajo dramatúrgicamente correcto debe comenzar con la comprensión de la tensión y la comedia en acción simultáneamente. ¿Usted sabe lo que quiero decir?

Imagínese que cuando alguien está escondido en una habitación pero las demás personas presentes no lo notan; mientras que un miembro de la audiencia lo sabe. Todo esto crea tensión y comedia al mismo tiempo.

"Quien cava un hoyo para otros, ellos mismos caerán en él" Cualquiera que esté familiarizado con esta expresión lo sabe bien: poner trampas para atraer a otros a una trampa puede hacer que ellos mismos caigan en ella, ya sea en forma de veneno o bebidas, alimentos alterados, trampas para ratas o cartas o conversaciones telefónicas, etc...

A primera vista, esto parece hilarante tanto para el espectador como para el personaje. En cualquier caso, este tipo de escenario suele funcionar bien en las comedias: los espectadores se ríen cuando un personaje completamente diferente o incluso el que tiende la trampa cae en la trampa, lo que genera una gran ironía cómica. Las identidades erróneas también tienden a ser bien recibidas: ¡tanto los objetos como las personas pueden confundirse fácilmente!

Tener una casa, una cita y otras necesidades varias.

Los malentendidos en las conversaciones también pueden ser divertidísimos: cuando el personaje A menciona su barco Antje, el personaje B puede suponer que se refiere a su esposa con el mismo nombre. ¡Las comedias deliciosamente divertidas en factor inverso siempre son bienvenidas! Tendencia - desde 2008:

¿Cómo está pasando eso? Un hombre actúa como una mujer o viceversa por razones desconocidas. ¿Qué factores podrían explicar tales comportamientos?

Por ejemplo: ¿Manera de comportarse como prostitutas? Hombres haciendo striptease. ¡Y las mujeres pueden incluso convertirse en albañiles!

O una mujer como Canciller (lamentablemente ya existe). Estas son sólo algunas sugerencias, muchas de las cuales ya he incluido en mis artículos; ¡hay aún más! Hacer estas cosas de manera inteligente y correcta solo conducirá a resultados que provocarán risa en las piezas de comedia.

Crea algo inexistente en la vida real.

En el escenario, esto puede resultar muy divertido:

Un representante ofrece productos que antes no estaban disponibles: preparaciones para ondas permanentes que duran meses; productos para el crecimiento del cabello con efectos de crecimiento extremadamente rápidos; protectores diarios para hombres; chocolates que aumentan la inteligencia rápidamente, etc., que antes no estaban disponibles para su compra; sin embargo, desafortunadamente, tienen muchos efectos secundarios y ¡podrían volverse desastrosos rápidamente! Mi actuación titulada "No lo tenemos, no existe" se centró específicamente en este tema.

O tomemos la innovación médica. Un químico aficionado crea un suero para eliminar por completo el olor a sudor, haciendo que este maravilloso invento quede obsoleto y que el olor a sudor vuelva a ser innecesario, pero necesita voluntarios para probarlo y sus hormonas altamente concentradas alterarán a las personas. ("El profesor loco"). Todos estos temas pueden parecer ridículos, pero tienen una enorme influencia en la sociedad en general.

Los personajes divertidos de las comedias siempre resultan muy eficaces. Por "personaje gracioso" me refiero a eso.

Estas figuras a menudo se destacan de sus compañeros de varias maneras, ya sean defectos o no. Los ejemplos podrían incluir cosas como errores de idioma (no hablar alemán o un dialecto); individuos torpes o menos educados; actores de color; los que vestían diferente y otras cosas. Estos personajes añaden carácter y, a menudo, se convierten rápidamente en los favoritos del público. Además, estos "personajes divertidos" no necesitan desempeñar papeles importantes para añadir humor; ¡Incluso las tramas secundarias menores pueden resultar igual de entretenidas!

*Personalmente, no estoy a favor de incluir personajes con impedimentos del habla en la obra. Todos tus personajes deben ser únicos; De lo contrario, ¿de dónde surgirán el drama y el conflicto?

El lenguaje y la expresión son un tema extremadamente delicado. Mira cualquier película de los años 70 con Theo Lingen o Roy Black; ¿No fue divertido? Pero, en serio, ¿estás tan entusiasmado con sus tramas y diálogos como cuando se lanzaron por primera vez (si tienes menos de 30 años, no los conocerás de todos modos; alquílalos en tu tienda de videos y juzga)? Ahora rara vez encuentro estas películas divertidas, ya que lo que se muestra a menudo no es muy "divertido". Ciertamente el tiempo lo ha alterado todo.

Hoy en día, cuando vemos una película de un programa nocturno en la televisión, tendemos a ver más piel expuesta en comparación con las películas de los años 70. No solo eso; Las películas contemporáneas ciertamente necesitan reflejar este cambio, ya que gran parte de él ocurre verbalmente: piense en "Sexo en Nueva York", que presenta al menos 50 palabras sexuales que no forman parte de mi vocabulario cotidiano ni del suyo.

¿Qué distingue el entretenimiento de las series de televisión o películas, como las películas para televisión, de las obras de teatro en términos de uso del lenguaje y libertad visual?

Aquí tampoco nadie puede darte una respuesta exacta; ¡El teatro en el escenario siempre está en vivo! Su próxima pregunta podría ser qué se puede y qué no se puede mostrar o decir en el escenario; Me refiero aquí específicamente a lo que ha sido redactado como guión y que luego debe ser reproducido por los actores en escena.

Bueno, el teatro es un campo extenso. En algunas obras los actores aparecen completamente con el torso desnudo, expresando todo lo que pueden. Me especializo principalmente en producciones de teatro popular dirigidas por grupos de aficionados. Ningún actor aficionado que conozco aparecería en una obra folclórica amateur vestido únicamente con ropa interior negra; y, como miembro de la audiencia, esto tampoco sería algo que me atraiga. Además, parece extraño.

El amor y el sexo son temas perennes en el teatro popular, por eso disfruto tener imágenes en mi mente de lo que podría estar pasando al lado. Por ejemplo, un escenario vacío al lado del cual hay una puerta abierta con voces masculinas de ambos sexos; Algún tiempo después, cuando alguien sube al escenario con los calzoncillos ligeramente sudados pero satisfechos, todos pueden crear sus propias versiones de lo que sucedió allí en lugar de ver algo real suceder y mostrarse en vivo en el escenario. Esto me parece mucho más atractivo.

Como lo comenté durante el debate, mi opinión al respecto era similar. Si bien hoy en día los actores aficionados pueden usar palabras como "golpe", "vago" y "joder", no hay nada intrínsecamente malo en escribir una obra de esa manera si parece necesario; sin embargo, la mayoría de los actores usarían una terminología diferente cuando actuaran para una audiencia.

¡No uso estas palabras en absoluto en mis piezas! Este tema ya ha generado acaloradas conversaciones, con gente cuestionando mi pronunciación demasiado formal en los diálogos de mis obras. Pero aquí está mi explicación:

"Golpes, etc." No es parte de mi lenguaje cotidiano. Como miembro del público en un teatro viendo una representación de comedia, quiero estar completamente involucrado con lo que está sucediendo; convivir con los actores; También creo imágenes en mi mente de cosas que suceden fuera del escenario tal como me las cuentan ellos: cuando alguien quiere ir de compras o darse una ducha; por ejemplo; ¡Esto sucede instantáneamente en mi mente!

Al principio puede parecer sorprendente, pero el diálogo hablado tiene el mismo efecto en mí; cuando un actor me cuenta que mataron a un gato o alguien denunció que robaron un banco, me imagino estas imágenes. Leer novelas crea efectos similares a los que tu mente visualiza en tu imaginación personajes, lugares, objetos y eventos de una novela.

Si una de las actrices en el escenario dijera: "Oh, me gustaría hacerlo sin inhibiciones con mi jefe en la mesa de la cocina", inmediatamente tendría una imagen en mi mente y me reiría a carcajadas con sus palabras. Sin embargo, ¿qué pasaría si en lugar de eso dijeran: "Oh, quiero follarme a mi jefe"?

Como espectador, me sorprendería. Los momentos de shock pueden tener un gran impacto en muchas piezas; sin embargo, nunca aparecerán en mis obras ya que los espectadores prefieren divertirse y crear sus propias imágenes en sus cabezas en lugar de ser sorprendidos por alguien en el escenario a través del diálogo.

Ese es mi punto de vista al respecto; sin embargo, si el suyo difiere, no existen leyes que lo detengan.

¿Cuestión de límite de juego? He escrito comedias protagonizadas por mujeres que se sienten profundamente atraídas por los hombres y que contienen un contenido muy picante; sus actores pueden quitarse la ropa como parte de su papel; ¡Incluso puedo quedarme en ropa interior cuando sea necesario! ¿Pero quizás las siguientes escenas podrían tener lugar en otra habitación cercana?

Si va más allá y utiliza un lenguaje extremadamente crudo, su audiencia sentirá como si estuviera presenciando una representación de teatro de difamación en la vida real.

Tu comedia debe cumplir con un cierto estándar y nivel. Encuentre un nivel apropiado de erotismo y déjelo desarrollarse naturalmente; no bombardee a su audiencia con abuso verbal; Esta táctica es innecesaria e innecesaria.

Al final de cada acto, hazlo tan emocionante que el público no pueda esperar a ver cómo se desarrolla tu comedia a continuación. Al final de cada acto, asegúrese de que la trama alcance nuevos clímax.

Al escribir, siempre considere a su lector al considerar la información que necesitan los personajes en el escenario. Y no pases por alto las instrucciones del juego en el diálogo, que deberían aparecer entre paréntesis; ¡Estas instrucciones serán invaluables para los actores!

Gerda:

¡Correcto! ¿Dónde ha estado Manni? Ya debería haber terminado de ordeñar: son casi las 8 pm (va a la puerta trasera y lo llama por su nombre:) ¡¡¡Manni!!! (regresa, unta pan y mantequilla en el plato, lo cubre con queso, etc.)

Arno: (lee la revista con interés) ¿Y esto significa que ya no tendremos que limpiar nosotros mismos?

Enrique: ¡Oh, no! Todo parece haberse desvanecido en el canal.

Arno: Basta con mirar cuánto espacio ocupan las vacas.

Enrique: ¡Sí! Se sentirán cómodas allí y, como resultado, producirán mejor leche.

Gerda: ¿Por qué un mayor espacio conduciría a una producción de leche de mayor calidad?

Heinrich: Gerda, ¿con qué frecuencia te has quejado de molestias al llevar tu faja vieja?

Gerda: Hola hermosa!!!

Arno: (risas) Para facilitar la comprensión, he escrito mis instrucciones de interpretación aquí en cursiva para facilitar que el actor en el escenario las aprenda de usted, el autor. Deben aprender no sólo cuáles serán sus líneas, sino también requisitos gestuales, como cuándo salir o entrar, etc. ¡No omitas las instrucciones de juego por completo, pero ten cuidado de no excederte tampoco en tu ejecución!

Volviendo a mi idea original: la comedia con Leni, su tienda y los niños que quieren deportarlos a un asilo de ancianos. Si esta idea te atrae y te gustaría que escribieras sobre ella, ¡deja volar tu imaginación sobre lo que podría pasar!

No dudes en enviarme tus primeros intentos de escritura; Lo revisaré y responderé honestamente. En mi sitio web www.Theater-Schmidt.de encontrará mis datos de contacto en Aviso legal.

Después de ver numerosas obras de teatro clásicas (en particular aquellas escritas por escritoras), los espectadores ya saben, desde el primer conflicto entre una joven y un hombre, que "¡al final se vencerán!". ¿Por qué los autores hacen eso? ¿Porque al público le gusta ver un final de "felices para siempre" al final, o porque el autor quiere crear uno? Yo mismo he hecho esto en muchas piezas porque sé por piezas anteriores lo que viene después, ¡aunque no en todas mis piezas recientes!
Mi escritura me ha distanciado un poco de ello; no todo tiene que terminar bien -lo cual puede incluso ser poco realista-, así que no penséis inicialmente que dos personajes jóvenes que inicialmente no se caen bien, pero que se juntan al final de una obra, puedan terminar juntos cayendo uno en brazos del otro en su momento. conclusión. Si bien esto podría suceder, simplemente escribe tu historia; ¡La "paz, la alegría y los panqueques" no siempre existen en la vida real!

Para no malinterpretar; Idealmente, a los espectadores les gustaría salir con la mayoría de las inconsistencias de la obra resueltas o al menos tener una idea de lo que podría desarrollarse después de su conclusión, mientras que se debe aclarar cualquier conflicto; incluso si esto significa llegar a un acuerdo con todos los involucrados; pero encuentre una resolución satisfactoria que deje satisfecho al público. ¿Recuerdas mi comedia "Praxis Dr. Freeseman"?
Harald Freesemann lleva años escribiendo libros que, por falta de interés de la editorial, permanecen inéditos. Así que su esposa Lena debe llegar a fin de mes como limpiadora hasta que un día un nuevo inquilino se muda al piso de arriba y requiere sus servicios también como limpiadora. Gisela informa que Gisela ha encontrado a un individuo al que se refiere como un "plomero de cerebros". Casualmente, su apellido es Freesemann, algo que Lena y Harald encuentran inquietante ya que ahora anticipan interrupciones por parte de sus pacientes. El Dr. Horst Freesemann normalmente insistiría en que pasaran por el primer piso si querían recibir tratamiento de su parte, pero Harald ya había entrado por una de las puertas y actualmente se encuentra dentro de la habitación de Harald. Harald reconoce su oportunidad y comienza a tratar a este hombre que desea desesperadamente tratamiento y pone con entusiasmo unos cientos de euros sobre la mesa para ello. Pero de repente aparece un psiquiatra de verdad, que quiere que Harald los trate a ambos porque ambos sufren de psicosis endógena...

Esta pieza puede terminar en un caos, pero los espectadores no se sentirán insatisfechos: su protagonista ha resuelto sus preocupaciones financieras escribiendo un manuscrito sobre lo que sucedió en el escenario junto a él.

Harald se inspiró en su esposa para escribir esta obra y la va a publicar. Un vecino descubrió que Harald estaba atendiendo pacientes a pesar de no ser médico autorizado; su indignación fue silenciada por un viaje. Desafortunadamente, ninguno de los personajes con enfermedades mentales de esta obra se cura jamás; al contrario; ¡Todos los "normales" eventualmente también se vuelven locos!

Dramatúrgicamente todo funciona bien: el conflicto principal se ha resuelto aunque pueden surgir otros nuevos; por lo tanto, la pieza puede terminar con una nota optimista, dejando tanto al espectador como a los personajes satisfechos pero preocupados por lo que podría venir después.

Todos reconocemos esta experiencia por las películas o la televisión. ¿Cuántas veces hemos visto una película emocionante sólo para que termine abruptamente...?

Los productores y guionistas utilizan con frecuencia este enfoque al contar una historia; describen su historia, intentan abordar su problema principal y, al mismo tiempo, lo concluyen sólo indirectamente. Aunque estrategias similares no se aplican en escenarios de espectáculos teatrales, los productores y guionistas sí utilizan estrategias similares al contar su historia.

Pero si prefieres darle a tu obra un final feliz, eso es perfectamente aceptable. ¡Solo quería que fueras consciente del hecho de que no existen reglas estrictas y rápidas!

Los editores y grupos exigen que presente el contenido de su artículo en las primeras páginas de su manuscrito, ya sea antes de comenzar a escribir, a mitad o después de terminar un acto. Los editores normalmente no modifican este elemento de la presentación de una obra; los grupos de teatro utilizan con frecuencia esta descripción de su obra para anuncios en folletos, folletos de programas y prensa. ¡Haga que su contenido sea atractivo, pero no más de una página DIN A5! ¿Le gustaría algunos ejemplos de cómo podría verse? - aquí hay algo de ayuda:

Alida Neumann ya no encuentra ningún sentido a su matrimonio con Ingo y quiere poner fin a él tomando pastillas para dormir. Debido a las acciones equivocadas de Ingo y a la compra de una casa demasiado grande, sus problemas financieros se han salido de control y ahora deben más de 300.000 euros en total. Alida sospecha que Ingo tiene una aventura porque recientemente recibió muchas cartas y llamadas de mujeres. Para protegerse económicamente de posibles demandas derivadas de estas relaciones, Ingo solicitó a Alida obtener de sus aseguradoras de vida cuatro pólizas de seguro de vida por valor de 150.000 euros cada una. Alida cree que Ingo debería asesinarla y, por lo tanto, recurre al suicidio cuando su plan fracasa; Pero a Ingo se le ocurre algo muy diferente: anuncia en varios periódicos modelos fotográficos que podrían visitar su casa e invitarlos en persona. Alida e Ingo esperan viajar al extranjero después de crear una imagen de Alida lo más cercana posible, al menos en términos de altura y peso. Ingo planea drogar a Alida antes de llevarla cuesta abajo con ella en el auto de su esposa para reclamar las pólizas de seguro de vida en caso de que ocurra un accidente; Más tarde planean cobrar juntos el dinero del seguro mediante accidentes falsos. - Ingo ha encontrado en Gabi Koch a su víctima perfecta. Sin embargo, Ingo rápidamente se enamora de Gabi y cambia su plan al querer poner a Alida en su auto. Poco antes de su asesinato planeado, Gabi descubre a través de Alida que Ingo tenía la intención de asesinarla y queda impactada por la noticia. Poco después, Alida y Gabi se disfrutan tanto como descubren el amor mutuo antes de idear un plan para eliminar a Ingo con una cola envenenada que Sven (el amigo de Ingo) emborracha accidentalmente en lugar de matar a Ingo ella misma... Con Else Krautwurst apareciendo ... El cuerpo debe encontrar rápidamente un lugar donde enterrarse.

Mientras lees una pieza, no reveles su final hasta que hayas leído en voz alta la última oración; eso creará interés entre los directores del juego, haciendo que sea más probable que la pieza se imprima sin que los lectores hayan visto su final antes de imprimirla ellos mismos. Considere también esta sugerencia:

Anna Thalmann es madre de una hija de 18 años y vive con un marido que trabaja fuera durante la semana y gana "buenos salarios", además de dos "mejores amigos" con quienes pasa tiempo uno o dos días a la semana.

Ella comparte horas de chismes y también le confía sus asuntos más íntimos a un pájaro en quien se confía para que los vigile a ambos. Su apartamento de alquiler es grande y está bien amueblado, aunque ella nunca ha experimentado una enfermedad grave; Todos los indicios apuntan a que será una mujer excepcional. Sus luchas diarias la han hecho sentirse inútil y abandonada por su familia en su papel de madre y esposa solidaria. Erwin tiene una actitud poco saludable hacia su esposa; Cuando está en casa los fines de semana, prefiere ver partidos de fútbol o asistir a su partido de patinaje en lugar de pasar tiempo con ella. Anna ha comenzado a internalizar su frustración al permitirse comer en exceso, algo que le ha provocado un sobrepeso de 20 kilogramos. ¡Pero ahora Anna quiere cambiar algo! Pide equipos de fitness en una tienda de televisión, asiste a sesiones grupales de gimnasia y recibe consejos de maquillaje de Sonja, todo ello con la esperanza de reavivar la llama de su matrimonio con facilidad y rapidez. Sin embargo, su plan sigue siendo complejo y complicado. Un día, cuando la lavadora de Anna se estropea, Mustafa Yldiz llega para repararla y Anna inmediatamente queda fascinado. ¡Él la invita a pasar una velada "turca" inolvidable! ¿Anna sucumbirá a sus encantos o tomará ella misma el control de su vida?

Aquí también descubrimos contenidos y conflictos sin estar al tanto de su resolución. Del mismo modo, tus piezas deberían hacer lo mismo.

Como cada obra requiere un título, nombrar uno a veces puede resultar un desafío. Un título ideal debería revelar algo sobre el programa y al mismo tiempo cautivar a los miembros de la audiencia al leer carteles y folletos del programa. Los títulos pueden consistir en una sola palabra, ser una pregunta o contener frases completas; Sin embargo, generalmente desaconsejo los títulos largos y prefiero versiones más vagas como las siguientes como ejemplos:

Rita y Ulfert Brauer, personas muy ricas, se mudaron recientemente de la ciudad al campo con su hijo Heiner. Tus vecinos.

La pareja Diekmann, Heiko (trabajador) y Gesine (ama de casa), vive una existencia "sencilla" a pesar de vivir en malas condiciones; aunque deban hacer sacrificios aquí y allá para sobrevivir; y aun así permanecer sano y contento con la vida. Rita (esteticista) y Ulfert (redactor jefe) hacen sentir su presencia a diario ante sus vecinos como prueba de que son superiores. Se produce una discusión entre familias cuando Marion Diekmann regresa a casa desde Alabama. Como au pair en Alemania durante un año, sorprendió a todos cuando regresó, inicialmente para disgusto de todos, al presentar a Jonny, un estudiante de medicina africano. Esto resultó demasiado para el matrimonio

Brauer. Ahora ambas familias intentan hacerse la vida difícil mutuamente mediante intrigas y ataques desagradables, lo que lleva a acuerdos judiciales; finalmente se instaló una valla alta entre sus propiedades para separarlas aún más. Cuando Gesine ataca a Ulfert de nuevo, Ulfert sufre un ataque al corazón, pero solo Jonny puede salvarle la vida...

En cuanto al contenido, la trama de la historia es bastante clara. En el fondo se encuentran dos familias muy diferentes y vemos sus diferencias tanto en el carácter como en el financiero. Eso es exactamente lo que intenté retratar en mi título, así que aquí lo encontrarás todo.

Mi título resalta aquí, para los espectadores, dos contrastes muy marcados; que se puede traducir aproximadamente como: "Pan y caviar Mettwurst". Ningún actor comerá ninguno de los dos elementos directamente; esta distinción entre ellos sólo existe a través de sus títulos.

Menno y Mathilde Gruben regresan de unas vacaciones de cuatro semanas en Egipto con sus dos hijos, Henning y Anette, esperando ansiosamente las celebraciones de Pascua; pero, en cambio, descubren que, a su regreso, han llegado a su buzón un montón de recordatorios de empresas de servicios públicos y una llamada al banco les confirma que tienen un descubierto de 30.000 euros en su cuenta; Una reserva incorrecta puede haber contribuido a este error, por lo que los empleados del banco están ansiosos por resolverlo tan pronto como regresen de vacaciones.

En esta obra, una familia tiene el desafío de vivir de manera autosuficiente durante una semana sin siquiera proponérselo. ¿Cuál podría ser entonces el título de esta pieza? "Robinson Crusoe te envía saludos". Eso encaja, ¿no?
Y un último ejemplo:
Contenido: Nico y Silvia Schroder celebran su primer aniversario de boda. Nico está encantado de que su mujer no le haya abandonado, a pesar de que lleva un año entero en paro y Silvia debe ganarse el sustento para ambos. Nico lee en su periódico una atractiva oferta de trabajo de una empresa de café, rápidamente presenta su solicitud por teléfono y rápidamente es aceptado para el empleo. Pero en lugar de recibir las muestras de café prometidas, unos días después llegan inesperadamente a su casa revistas eróticas, lo que deja a Nico desconcertado sobre cómo explicar esta discrepancia. Silvia está furiosa con Nico; ella cree que él necesita un reemplazo debido a su embarazo. Las cosas solo empeoran cuando su suegra también se muda y tiene serios problemas con él. Nico cree que todo está resuelto hasta que aparece ERO; entonces todo vuelve a quedar confuso.

Este título combina las letras iniciales de dos empresas involucradas en esta pieza (un exclusivo oasis romántico y café Timann) en una sola palabra para formar "ERO-TI-KA". Dado que el sexo es el centro de esta comedia, este título tiene mucho sentido.

Ingo Sax ha escrito una obra de teatro extremadamente inteligente sobre una joven que sufre de mutismo: la incapacidad de comunicarse o establecer contacto. Llamada "Amanita", su actriz principal Celia se ha hecho famosa gracias a este papel en esta producción de cuatro personas de Ingo Sax. ¡Échale un vistazo y pronto entenderás por qué el autor eligió ese nombre! ¡Gracias a Ingo Sax por su increíble hazaña!

No pienses demasiado en elegir un título; "La Posada del Ancla Dorada", "Jubilaum", "La Estrella de Padua" y "Los Hermanos Contrabandistas", entre muchas otras obras populares y a menudo premiadas, tienen títulos que simplemente se refieren al lugar donde tuvo lugar un evento o describen lo que lo hizo funcionar: ¡eso es perfectamente aceptable!

Pero algunas obras escénicas también tienen títulos aburridos. Una pieza que conozco llamada simplemente "Teatro" deja poco espacio a la imaginación o la creatividad al considerar su dramaturgia o contenido.

Una vez que haya completado su trabajo, o mientras lo escribe, determinar su nombre puede ser algo natural; pero me gustaría concluir la discusión sobre la selección de títulos describiendo algunas opciones disponibles para nosotros al considerar uno para tu obra.

Imagínese esto: a veces, cuando hablo con amigos, surgen palabras u oraciones aleatorias que serían excelentes títulos para poemas o novelas.

Considera esto. Cuando leemos o escuchamos títulos como estos, surge algo completamente nuevo. Ya no comenzamos formulando una idea y una trama antes de asignar un título más tarde (la forma en que avanzan la mayoría de las obras); más bien, ahora comenzamos simplemente con el título en sí y luego creamos nuestra historia en torno a esa idea a partir de ahí. Cuando veo estos títulos, inmediatamente pienso en 100 cosas que podrían cubrir, ¿no puedes tú también?

Siéntete libre de probar esta variante también, solo evita usar títulos que he escrito aquí ya que planeo incorporarlos en mis escritos durante los próximos meses.

Al escribir, uno debe considerar todos los resultados posibles de sus esfuerzos de escritura. Un novelista escribe su libro para lectores que pueden comprarlo en las librerías; aquí también participan editores e impresores; para las obras de teatro que se pretende representar, los grupos de teatro probablemente las representarían y su manuscrito nunca se compraría en ningún lado, ni se leería fácilmente de ninguna manera; todos estos factores deben tenerse en cuenta al escribir su obra o novela.

Una vez que tu obra esté terminada y te sientas orgulloso de presentarla para su publicación, envíala a uno o más editores para su consideración. Sugiero comenzar eligiendo sólo uno que parezca adecuado; aunque las revisiones pueden llevar algún tiempo, generalmente incluirán sugerencias para revisar ciertas partes de su artículo o críticas de ciertas escenas por parte de los editores; eventualmente, los editores devuelven los manuscritos a medida que están disponibles.

Su solicitud fue fuera de nuestra consideración - muchas gracias". Desafortunadamente, cartas de rechazo como esta no brindan detalles de por qué algo como esto ya no es una opción para ellos. No pierda la esperanza de inmediato si esto sucede; tome ¡Corazón! El repudio de los editores de teatro no indica que tu trabajo sea terrible. Tómate tu tiempo para leerlo detenidamente mientras te colocas como espectador en el escenario y experimentas lo que estás experimentando de primera mano como miembro de la audiencia al leerlo y experimentarlo; su impacto completo antes de revisarlo a fondo antes de ofrecerlo nuevamente a otros editores de teatro. Pero también quiero ser completamente sincero: si su trabajo es rechazado sin ninguna explicación o comentario por parte de un editor, eso debe significar que fue realmente malo, porque todos los editores. se esfuerza mucho en explicar lo que no les gusta cuando en general parece bueno. Las críticas de los editores simplifican mucho la revisión y la edición, por lo que si dicen que no es necesario, simplemente acepte su respuesta y continúe con lo que estaba escribiendo. Si alguien dice que no es necesario revisarlo, no pregunte por qué; el editor lo sabe mejor. Si esto sucede con varias editoriales, eventualmente tendrás que aceptar el hecho de que es posible que lo que hayas escrito no sea de una calidad particularmente alta; tal vez escribir simplemente no sea tu fuerte o simplemente no te convenga como forma de arte. En algún momento de su trayectoria literaria, es importante ser honesto consigo mismo y reconocer este hecho. Si bien podríamos especular sobre otros talentos inexplorados que se encuentran fuera de la escritura en sí, el punto aquí no es eso, sino más bien, ¡crees que puedes y quieres intentarlo!

No importa si se trata de comedia, drama, farsa, novela policíaca, obra de teatro de varios actos o simplemente un breve sketch (escribir en alemán estándar o en un dialecto depende totalmente de usted), lo cierto es que su pieza primero debe convencer a un editor de su editor elegido que su trabajo es coherente, no tiene errores y tiene una trama "emocionante"; no pierde su hilo y es jugable y adecuado para ellos, además de proporcionar escenarios cuando sea necesario.

Tu obra debe dirigirse a quienes la representarán; de lo contrario, ningún editor lo firmaría y permanecerá acumulando polvo durante años sin interés en el escenario - ¡y eso es lo último que quieres!

Suponga que recibe un correo de su editor y descubre que su editor revisó su artículo y brindó comentarios sobre los cambios necesarios. Pero tal vez también mencionaron lo que debe modificarse para que encaje en su programa exactamente como usted lo envió.

¿Cómo responderías? - Me lo imagino: leer las líneas y las críticas de un editor que no conoces bien puede ser a menudo muy directo y provocar conmoción, ofensa e ira. "La pieza es genial. ¿En qué estaba pensando?"... Todas estas frases podrían convertirse en problemas para usted, ya que encontrar un editor para una primera novela suele ser un desafío.

Deja de pensar así y de ofenderte. Un editor no es Dios, solo ofrece su opinión, pero debes respetar su conocimiento sobre su trabajo y aceptar cualquier crítica dirigida a tu artículo. Sea razonable consigo mismo al aceptar críticas, especialmente en lo que respecta a puntos específicos que fueron criticados. Haga lo que le aconseja el editor a pesar de sus objeciones: ¡con el tiempo reconocerá su sabiduría!

Mi artículo número 47 "Bienvenido a Chez Andre", coescrito con Christoph Bredau y presentado a dos editores para su consideración, fue rechazado por ser demasiado atrevido. Cuando leímos su carta nos quedamos atónitos; el contenido de este artículo se puede ver aquí:

André Lambrecht y Frank Wattenfall lo perdieron todo en la bolsa y actualmente están desempleados y alquilan juntos un apartamento de dos habitaciones para mantener los costes bajos. Desafortunadamente, todavía no se les ha presentado ninguna oportunidad de empleo, por lo que ya han pagado el alquiler.

Su casera, Elfriede Krause, les da un ultimátum de una semana para encontrar trabajo o pagar el alquiler; de lo contrario, los quiere fuera. Andre tiene una idea inspirada. Juntos empiezan a ofrecer servicios de acompañante y escort para mujeres en "Welcome to Chez Andre"; rápidamente aceptado por mujeres que buscan compañía, comida o masajes de su parte; pero las cosas rápidamente van más allá de las expectativas cuando su casera Elfriede Krause y Tina intentan todo lo posible para detener esta actividad; sin embargo, el amor continúa entre ellas...

Aquí, el oficio más antiguo se representa con bastante humor con sus roles tradicionales invertidos, mostrando hasta dónde llegará la gente para ganar dinero hoy en día, y al mismo tiempo muestra que las mujeres están muy dispuestas a pagar dinero sólo para pasar un buen rato con los hombres. Nuestra impresión es que esto molesta a los hombres, como lo demuestra el enamoramiento de un cliente porque ya no soporta recibir su pago, mostrando un comportamiento muy humano en el escenario y proporcionando un gran entretenimiento dramático-túrgico. Además, ¡muchas escenas fueron bastante intensas! Sin embargo, se nos pidió "desactivar" cualquier escena que fuera demasiado lejos para los editores; y un editor incluyó esta versión revisada en su programa. Si bien nos pareció decepcionante que nuestro artículo original no fuera aceptado, ¡a veces los editores leen según su estado de ánimo únicamente! Dicho esto, hay que abordarlo.

Suponga que recibe una carta de este tipo de un editor.
Así que vuelves al trabajo, no molesto por la carta de tu editor, sino lleno de energía y optimismo por crear algo mucho más grande; tal vez a medida que haces cambios descubres que ha mejorado dramáticamente; o quizás llegues a reconocer más claramente dónde se cometieron errores anteriormente.
Reserve dos horas para la revisión; su editor ha leído su manuscrito y puede haber señalado errores; por lo tanto, sólo deberías enviarlo por segunda vez cuando se hayan resuelto todos los puntos de crítica.

Ahora mejoremos aún más las cosas: imagina recibir la noticia de que tu obra se publicará por primera vez: qué sensación tan increíble debe ser. Al menos has superado un obstáculo inmenso y has llegado hasta aquí. ¿Eso se considera éxito? Absolutamente, así que permítase sentirse orgulloso de lo que ya se ha logrado aquí.
Una vez publicada tu obra, no hay mucho que puedas hacer excepto firmar un contrato con un editor (cubriré los contratos con más detalle en el Capítulo 12) y esperar que ofrezcan tu trabajo a través de catálogos enviados directamente a los grupos de teatro cada año o a través de plataformas de publicación en línea como sitios web de editores.
Ahora viene el siguiente desafío: llegar a grupos de teatro con tu obra. Los grupos de juego suelen encargar programas de visualización a los editores; ¿No sería genial si los directores de juegos encontraran tu trabajo lo suficientemente interesante como para que muchos cines encargaran la visualización de programas a tu editor? Desafortunadamente, entiendo tu frustración; lamentablemente no sabrás en qué etapas vieron tu pieza; Generalmente (dependiendo del editor) sólo después de que

uno haya seleccionado su trabajo podrá conocer detalles como la ubicación del grupo de presentación y las fechas de las presentaciones.

Cuando su pieza se representa por primera vez, lo llamamos presentación inaugural o estreno; y muchas veces usted, como autor, está invitado a asistir a esta trascendental ocasión histórica. ¡Y no deberías rechazar tal oferta! Ver a tus personajes, tu historia y tu concepto cobrar vida ante tus propios ojos es realmente emocionante; créeme; Lo sé por experiencia. Tal vez el grupo no ejecute su pieza como se esperaba, pero sea cual sea el resultado, ¡solo puede agregar más drama para todas las partes involucradas! ¿Estás emocionado también? Sin embargo, si el grupo informa que los ensayos fueron agradables y disfrutaron escenificar la obra; las críticas de la prensa son positivas y los números de audiencia coinciden, entonces su artículo puede seguir adelante según lo planeado y contarlo como su éxito personal.

Hojee cualquier estantería de novelas y rápidamente se dará cuenta de que hay numerosas editoriales disponibles; Desafortunadamente, los dramaturgos no tienen tantas opciones disponibles. Pero hay editoriales de teatro que publican nuestras obras en condiciones muy razonables y algunas incluso lo hacen excepcionalmente bien. Creo que construir relaciones con los editores de estas editoriales es clave. Al principio, es recomendable explorar las editoriales disponibles en línea y determinar cuál(es) podría(n) adaptarse mejor a su artículo. Como desde el principio escribía obras en dialecto y en bajo alemán, la editorial Mahnke Verlag de Verden ofrecía la mayor selección de obras de teatro en bajo alemán (www.Mahnke-Verlag.de). ¡Algunas de mis piezas todavía se pueden encontrar allí hoy!

Pero también hay editores que se especializan en obras en bajo alemán y en dialectos; Desde 2008, la mayoría de mis obras han sido publicadas por Plausus Theatreverlag en Bonn (www.Plausus.de) tanto en versión en bajo como en alto alemán.

Si busca editoriales en Internet encontrará otras editoriales, como la editorial Reinehr en Muhltal (www.Reinehr.de), la oficina de ventas y editorial de los dramaturgos alemanes Norderstedt (vertriebsstelle.de) o la editorial teatral Rieder Wemding (Theaterverlag-Rieder .de) entre muchos más. Sin embargo, algunas editoriales se especializan en determinadas áreas, como obras de teatro o dramas infantiles, etc.

No puedo decirle qué editor funcionará mejor para usted; Lo único que puedo decir es que desde hace años disfruto trabajando estrechamente con Plausus-Verlag en Bonn y Mahnke-Verlag en Verden.

Pero también había tenido algunas experiencias negativas.

¿Qué debería considerar y priorizar al establecer una editorial de teatro? Inicialmente, un niño de ocho años encabezó una disputa legal. Entonces, ¿qué factores son esenciales a la hora de tomar decisiones sobre la propiedad de una editorial teatral?

Como autor, es importante formar vínculos sólidos con su editor y los empleados de la editorial; Ningún grupo de teatro debe presentar quejas sobre su editor. Luego, su obra se transfiere al editor, quien debe ofrecerla de manera justa y tratar a los grupos de teatro de manera justa y equitativa. Si un grupo de teatro critica a su editor por la forma en que se publicó su obra, tome medidas para abordarlo de inmediato. Si su trabajo no ha sido aceptado por etapas durante varios años debido a problemas de

calidad; sin embargo, si los errores recaen en ellos y no en usted, no dude en expresarlo.
Los sitios web de los editores hablan mucho sobre su trabajo. Aunque está destinado principalmente a grupos de teatro, los autores también deberían encontrar páginas de teatro fácilmente comprensibles para navegar con placer.
Tómese su tiempo para navegar por los sitios web; A menudo, sólo la página principal puede revelar mucho sobre su editor.

Si encuentro impactante la página de apertura de una editorial con solo regulaciones de desempeño, eso dice mucho sobre su propietario y probablemente indica sentimientos negativos hacia esta editorial; No espero que estos editores le resulten atractivos; por lo tanto, es mejor evitar dichos editores.

Si tiene dificultades para elegir con qué editor elegir y tiene dificultades para decidirse por sí solo en línea no es suficiente, llame al editor directamente y pregúntele si considerarían publicar su trabajo por teléfono. Hacer esto da otra impresión; Si hay alguien poco profesional y grosero al otro lado de la línea, considere si le gustaría que lo traten de esa manera en futuros tratos (me he encontrado con personas que se describen a sí mismas como editores de editoriales de teatro, pero deletrean "estreno" con un " a". Créanme, ¡ni siquiera estaba mintiendo!).

Descubra si una editorial es apropiada para su manuscrito visitando su sitio web y buscando en su base de datos de libros para publicación. Por ejemplo, si ha escrito algo en bajo alemán Mahnke, Plausus o VVB probablemente serían sus mejores opciones; pero tenga paciencia ya que este proceso podría llevar algún tiempo hasta que llegue una respuesta de su parte. Sin embargo, algunos editores confirmarán la recepción de su trabajo por correo; otros pueden comunicarse con usted por teléfono o correo electrónico; pero si no llega ninguna confirmación después de que hayan pasado varios meses, les exigiré que me devuelvan mi manuscrito. Los editores de teatro parecen afirmar que reciben muchos manuscritos todos los días sin tiempo suficiente para responder o replicar. (Otros editores podrían afirmar lo contrario). Si conoce a otros dramaturgos, averigüe con qué editores trabajan; en general, sólo te comprometes con un editor cuando publicas una pieza; Las piezas posteriores siempre se pueden ofrecer en otro lugar si se desea.

Una vez que haya encontrado un editor y su manuscrito haya despertado interés, se redactará un contrato que ambas partes deberán firmar. Cada contrato puede variar ligeramente.

¡No es para preocuparse! Los editores individuales no se darán cuenta. Lo que más importa es definir los derechos y obligaciones del autor y del editor; así como discutir las finanzas y la duración.

Como autor, sólo te corresponde conceder al editor los derechos necesarios para grabar en radio y televisión, realizar una película y traducir a otros idiomas. Pero usted sigue siendo el creador original, simplemente cediendo derechos de uso. Si algo en el contrato no cumple con su aprobación, simplemente notifíquelo y discuta posibles modificaciones; ¡tal vez un párrafo o reglamento podría cambiar en consecuencia!

Naturalmente, el reparto de derechos es un elemento integral de cualquier contrato y normalmente el autor recibe el 70% y el editor el 30%.
La duración y los derechos de rescisión pueden ser un punto de discusión arduo en los contratos, sin embargo, siempre me aseguro de que incluyan detalles claros sobre la duración y los derechos de cancelación (por ejemplo, cada 31 de diciembre con un período de aviso de 3 meses y renovación automática si no se cancela).
Pero tenga cuidado: si en el contrato no hay ninguna información sobre su duración y sólo se menciona su período de protección legal, eso no significa otra cosa que que su manuscrito está protegido por derechos de autor; en otras palabras, hasta después de su muerte (70 años post mortem!). Aconsejo firmar únicamente contratos que duren de 3 a 5 años y que se renueven automáticamente cada año a partir de entonces; incluso si la rescisión se produce después de 5 años, debe aceptarse, en lugar de quedar sujeto a compromisos hasta el final de su vida.

¡Asegúrese de proporcionar detalles sobre la duración del contrato!

Mientras buscaba un editor para mi primer trabajo en 1990, firmé mi contrato sin proporcionar fechas ni plazos para que los líderes del grupo de performance aceptaran mis piezas, firmando después de que cada una fuera rechazada de plano por este editor. Si esto vuelve a suceder y los líderes del grupo de desempeño se comunican con usted y se niegan a cumplirlos debido a estos contratos, como sucedió en mi caso, entonces sus manos estarán completamente atadas por ellos y este error lo obligará a luchar con su abogado durante 8 años para salir. . Finalmente, el 1 de abril de 2008, finalmente ganamos y salimos. Fueron necesarias fuerzas y nervios.

Sea inteligente: ¡¡¡elija una editorial "excelente"!!!

¿Alguna vez te has preguntado cuántos ingresos genera una carrera de dramaturgo? Bueno, esta es tu oportunidad de descubrir esta respuesta honestamente: así como los soldados o los trabajadores reciben salarios, los dramaturgos reciben regalías a través de los editores que publicaron tu pieza.

El dinero sólo será pagadero una vez que tu obra haya sido representada por un grupo de teatro y este haya liquidado sus cuentas con el editor una vez finalizada la temporada. En cuanto a cuándo y con qué rapidez llegará este dinero: podría tardar algún tiempo. Algunos editores liquidan cuentas con los autores inmediatamente después del acuerdo con los grupos de teatro, mientras que otros envían declaraciones de regalías trimestralmente, y otras incluso envían declaraciones anuales según sea necesario.

¿Cómo se calcula esto? Todo espectador que asista a tu obra deberá pagar una cuota de entrada. Como sabrá cualquiera que visite teatro profesional o aficionado con regularidad, los grupos varían considerablemente en términos de frecuencia de las representaciones, tamaño de los auditorios utilizados y precios de entrada por asiento. Conozco grupos que sólo presentan 3 representaciones en salas con capacidad para 100 espectadores durante 4 euros cada uno, mientras que otros realizan 40 representaciones durante varias semanas con capacidad para 350 invitados por unos 12 euros cada uno. ¡Y así el proceso continúa sin punto final!

1. Imagínese un grupo de teatro que representa su obra cinco veces por una entrada de cinco euros por espectador y con todas las entradas agotadas en cada ocasión; con unos ingresos totales de 2500 euros sólo por esta actuación y un 10% o 250 euros para el editor; De esta suma el 70% volvería a ti o 175 euros irían directamente a tu bolsillo como pago de este grupo.

¿Por qué escribí "sería"? Bueno, los editores suelen establecer una tarifa mínima por actuación que deben pagar si los ingresos caen por debajo de determinadas cantidades, normalmente alrededor de 70 euros en nuestro primer ejemplo. En este caso, este grupo no alcanzaría este umbral mínimo y, por tanto, tendría que pagar 70 euros al no cumplir con la tarifa mínima por actuación; eso significa que 350 euros volverían directamente a las arcas del editor, mientras que 70 euros de ellos valen 245 euros para usted (70/20 = 245).

Escucho a muchos grupos de teatro quejarse de esta normativa; Los escenarios "pequeños" en particular tienden a encontrarlo muy inquietante. Sin embargo, los editores imponen costes elevados sin este acuerdo y les resultaría casi imposible sobrevivir sin este marco; a su vez esto también nos beneficia a nosotros, los autores. Créeme; Sin esta regulación, todos los escenarios probablemente solo pagarían 30 o 40 euros por actuación.

No creo que las etapas deban quejarse. No importa cuánto dinero se recaude, ¡el 90% termina quedándose con su grupo! ¡Eso parece justo!

2. Ejemplo: Supongamos que su teatro tiene capacidad para 1000 personas. El precio de las entradas por persona fue de 12 euros en 16 fechas diferentes en las que tuvo lugar su actuación; eso sumaría 12.454 espectadores viéndolo.

¿Suena bien? Bueno, ¡ojalá! Desafortunadamente nunca he recibido tal cantidad de un grupo, pero mi objetivo aquí es simplemente ilustrar cómo la facturación puede variar entre etapas: ¡podrías recibir tan solo 70 euros de una y casi 1000 de otra!

Si publica un artículo escrito en alto alemán y encarga a un traductor que lo traduzca al bajo alemán o a otro idioma, éste, por supuesto, debería recibir regalías; después de todo, han trabajado mucho traduciéndolo. Su participación suele ser del 20%.

Espero que te sientas satisfecho, ya que ahora sabes aproximadamente cuál podría ser tu potencial de ganancias al realizar jugadas.

Ya había completado 40 obras en varios actos cuando Elke Siemers me visitó hace aproximadamente tres años para volver a hablar de su vida. Es una extraordinaria enfermera pediátrica y profesora de teatro que cuenta historias de una manera tan atractiva y única que siempre deberían capturarse en una película. Escuchar sus historias es realmente delicioso; Hace años nos dimos cuenta de que podíamos crear historias increíbles juntos. Sí, si dejamos volar nuestra imaginación durante una hora, puede surgir una obra completa casi instantáneamente; Desgraciadamente, al principio sólo está en nuestra cabeza. Desde entonces, muchas ideas han sido abandonadas rápidamente. En algún momento se hizo evidente para mí que ella tenía una historia tan emocionante y cargada de emociones para compartir, muchas de ellas provenientes de su experiencia personal, que supe que conduciría a algo.

Ahora quizás te preguntes cómo funciona escribir juntos: "escribir juntos". Hasta ese momento me había topado con dos enfoques. Elke ya había realizado numerosos trabajos: pinturas, representaciones teatrales, poesía y novelas cortas, así como obras de teatro; ¡Incluso los intentó ella misma! Para entonces, Elke había pintado muchos cuadros, escrito cuentos poéticos y novelas cortas, pero rechazó la escritura en estilo dialogado porque no era su fuerte, según sus palabras.

Esta fue mi experiencia inaugural de escribir en colaboración. En la primavera de 2008 volvimos a colaborar, esta vez con Christoph Bredau como coguionista.
Escribir con Christoph fue bastante singular. En algún momento empezamos a hablar de teatro y surgió la idea de una comedia en la que dos jóvenes se ofrecían como "prostitutos". (Esta idea surgió durante una de mis sesiones de escritura anteriores con Christoph). Anteriormente escribí otro guión de comedia que presenta este concepto (consulte la sección anterior para obtener más detalles).
Fue fascinante que se me ocurriera el título de mi obra incluso antes de escribirla: "Bienvenidos a Chez André". Inicialmente consideramos llamar al espectáculo "Chez Roger", pero esto puede haber presentado algunas dificultades para los actores que lo interpretaban, ya que es necesario repetirlo con frecuencia en el escenario. Poco antes del final, cambiamos a Roger por Andre. Christoph es oriundo del Bajo Rin y trabaja como enfermero de profesión; ¡Un ávido cinéfilo que convierte su hogar en algo parecido a un cine real! Aunque muy interesado en el teatro como actividad, aunque quizás no esté predispuesto a esta profesión. Desde el principio, supo que debíamos coescribir esta pieza juntos, lo que significa sentarnos juntos frente a una computadora

mientras escribimos e idear la trama mientras escribimos. Al principio era un estilo de escritura desconocido y desconocido para mí; A veces había sugerencias de mi editor con las que no estaba de acuerdo, aunque a veces viceversa. De vez en cuando tenía que frenar su entusiasmo cuando sus ideas iban demasiado lejos; pero en muchas ocasiones escribió cosas que yo nunca podría haber escrito y que fueron brillantes y reveladoras. Muchas escenas sólo se mejoraron gracias a esta colaboración; y creemos que debemos estar orgullosos de sus resultados. Al menos ambos estábamos muy satisfechos con "Chez Andre", y después de terminarla decidimos no dejarlo y actualmente estamos trabajando en nuestra segunda comedia: "Cuatro manos por una ubre", que esperamos que esté lista en otoño de 2008.

Como puede verse, existen varios enfoques para escribir música con otra persona. Si elige componer la pieza completa como pareja, tenga en cuenta que ninguno de los miembros de la pareja es víctima de trabajar solo en su pieza de vez en cuando, ya que esto podría considerarse injusto para uno o ambos socios.
¿Deberían preferir escribir juntos o solos? Ninguno de los dos debería posponer lo que es mejor para ellos. No desaconsejaré escribir juntos, pero me gustaría enfatizar que funciona igual de bien cuando se hace solo. ¡Definitivamente volveré a escribir mi trabajo número 50 en solitario esta vez! ¡Encuentre su propio camino y estilo al abordar la escritura juntos o solos!

EL FIN

www.ingramcontent.com/pod-product-compliance
Lightning Source LLC
Chambersburg PA
CBHW081301130726
47998CB00010B/2890